DAS BUCH DER BESTEN KINDERWITZE

DAS BUCH DER BESTEN KINDERWITZE

Herausgegeben von Dieter Schöneborn

Anaconda

Die Deutsche Nationalbibliothek verzeichnet diese Publikation in der Deutschen Nationalbibliografie; detaillierte biblio-grafische Daten sind im Internet unter http://dnb.d-nb.de abrufbar.

Coverillustration: Benedikt Beck, www.sheepfromouter.space
Illustrationen Innenteil: shutterstock/Sashatigar
Umschlaggestaltung: Irina Klass, Köln
Satz und Layout: Roland Poferl Print-Design, Köln
Printed in Czech Republic 2020
ISBN 978-3-7306-0782-4
www.anacondaverlag.de
info@anacondaverlag.de

INHALT

Vorwort 7

Saublöde Witze 9
Tierisch witzig 19
Zum Wiehern komisch 33
Unheimlich komisch 39
Witze aus der Schule 45
Sport ist Mord 61
Böse Witze 75
Es bleibt in der Familie 87
Alltägliche Witze 101
Wer verreist, der kann was erleben 113
Ostfriesenwitze 123
Häschenwitze 131
Dumme Fragen 137
Alle-Kinder-Reime 145
Schülerausreden 153

VORWORT

Witze zu verstehen, setzt einiges an Wissen voraus. Das hört sich erst mal seltsam an, aber es ist so.

Entweder muss man etwas über Sprache wissen. Dafür ein Beispiel: *Während der Flussüberquerung mit der Fähre erklärt der Kapitän: »Die neue Fähre macht ungefähr acht Knoten in der Stunde!« – »Und wer macht die Knoten wieder auf?«, fragt ein Passagier erstaunt.* Diesen Witz versteht nur, wer weiß, dass das Wort Knoten zwei verschiedene Bedeutungen hat.

Oder man muss voraussetzen, dass derjenige, der den Witz hört, das Gleiche weiß wie der Erzähler: *Als Julian von der Schule nach Hause kommt, fragt sein Vater: »Welche Note hast du denn in Mathe bekommen?« – »Das, was du dir immer im Lotto wünschst, eine glatte Sechs, leider ohne Zusatzzahl!«* Der Witz funktioniert eben nur, wenn man weiß, was Lotto ist, dass es dabei um sechs richtige Zahlen geht, und dass eine Sechs eine schlechte Note ist. Viele Witze, die angeblich für Kinder sind, enthalten aber leider sehr oft Begriffe, die selbst für Erwachsene nicht unbedingt geläufig oder veraltet sind: *Eine Kundin im Pelz-Haus: »Hängen Sie mir den Persianer bitte zurück, bis mein Mann etwas Unverzeihliches tut«.* Der Witz setzt voraus, dass man weiß, dass in einem Pelz-

Haus Mäntel verkauft werden, Persianer eine bestimmte Pelzsorte ist und dass Männer früher ihren Frauen etwas Wertvolles gekauft haben, wenn sie ein schlechtes Gewissen hatten. Inzwischen sind Pelze aber, zum Glück für die Tiere, aus der Mode gekommen und somit ist dieser Witz sozusagen ausgestorben.

Wenn Witze aber klappen, dann kannst du damit eine Menge Gutes für dich und deine Freunde tun. Man darf nämlich nicht vergessen, dass Lachen gut für die Gesundheit ist. Es verbessert die Atmung, ist ein Schutzwall gegen Stress und regt das Immunsystem an. Also lasst uns mindestens fünf Minuten pro Tag aus vollem Herzen lachen.

SAUBLÖDE WITZE

Zu saublöden Witzen kann man eigentlich nichts Besonderes sagen. Sie sind meistens recht einfach und funktionieren, weil man ein wenig mit Sprache spielt. Der Witz ist im Grunde so dumm, dass man sich darüber wundert, warum man darüber lachen kann, dann aber losbrüllen muss, weil man sich darüber kaputt lachen möchte, wie man so dumm sein kann, über einen solchen Witz zu lachen.

Wenn das passiert, dann liegt auf jeden Fall ein saublöder Witz vor!

Der Lehrer fragt: »Wie alt bist du denn, Paula?« Paula: »Sechs.« Darauf der Lehrer: »Und was möchtest du später einmal werden?« Paula: »Sieben.«

Auweia!

»Mona erzählt ihrer besten Freundin: »Stell dir das nur mal vor, ich habe heute Nacht auf Spanisch geträumt.« – »Und worum ging es?« Mona: »Keine Ahnung, ich hab kein Wort verstanden.«

»Entschuldigen Sie bitte! Wie komme ich zum Kino?« – »Das Kino ist geradeaus.« – »Mist, immer, wenn ich ins Kino will, ist es gerade aus.«

Fragt die eine Zapfsäule die andere: »Wie geht es dir?« – »Super! Und dir?« – »Normal!«

»Ich möchte eine Brille kaufen!« – »Kurzsichtig oder weitsichtig?« – »Durchsichtig!«

»Wie läuft dein Moped?« – »Mein Moped läuft nicht, es fährt!« – »Na gut, und wie fährt dein Moped?« – »Es geht!«

»Meine Frau ist wirklich ein Engel!«, schwärmt Herr Grimm. »Meine lebt noch«, sagt Herr Kühn.

»Verzeihen Sie bitte, ich suche den Bahnhof.« – »Ich verzeihe Ihnen selbstverständlich, suchen Sie ruhig!«

»Warum stehen die Leute da alle und werfen Steine in die Nordsee?« – »Da vorne steht ein Schild *Deutsche Werft.*«

»Na, wie geht's?«, fragt das Spiegelei das Rührei. »Ach, heute nicht so toll, ich fühle mich ein wenig durcheinander.«

»Kommst du mit ins Freibad?«, fragt Bernd seinen Freund Philip. »Ne, das geht nicht, ich habe Hausverbot.« – »Wieso?« – »Ich habe ins Becken gepinkelt.« – »Das machen doch ganz viele Leute.« – »Das schon, aber nicht vom Fünf-Meter-Brett!«

Der Kunde fragt im Blumenladen: »Sind diese Blumen künstlich?« Darauf der Verkäufer: »Natürlich!« Darauf der Kunde: »Was denn nun, künstlich oder natürlich?« Verkäufer: »Künstlich, natürlich!«

Treffen sich zwei Klempner. Sagt der eine: »Gestern habe ich sechzig Meter Rohr verlegt!« Beruhigt ihn der andere: »Mach dir keinen Kopf, die finden wir schon wieder!«

Wie sagt die eine Henne zur anderen? – »Ich glaube, ich brüte was aus!«

»Herr Ober, der Kaffee war eiskalt!« – »Gut, dass Sie das sagen. Eiskaffee kostet bei uns einen Euro zusätzlich.«

Herr Meier ist bekannt dafür, dass er gerne ein wenig übertreibt. Er erzählt von seiner Reise durch Afrika: »Da

kam der Löwe angelaufen und ich konnte mich geistesgegenwärtig so gerade eben noch auf einen Baum retten!«
Der Kollege glaubt ihm die Geschichte nicht wirklich und sagt: »Aber in der Wüste stehen doch gar keine Bäume!«
– »Ach, in dem Moment war mir das doch egal.«

Klaus soll einen Aufsatz über sein Lieblingstier schreiben. Darin steht: »Ich hätte gern eine Katze. Ich darf aber nicht, weil mein Vater einen Vogel hat.«

»Leute, wir können das 50-jährige Bestehen dieser Einrichtung mit einer großen Jubiläumsfeier begehen. Haben Sie Ideen?«, fragt der Gefängnisdirektor die Häftlinge. Meldet sich einer: »Wie wär's denn mit einem Tag der offenen Tür, Herr Direktor?«

»Herr Doktor, alle übersehen mich immer!« – »Der Nächste, bitte!«

Sagt die eine Glühbirne zur anderen: »Komm, lass uns gemeinsam durchbrennen!«

»Weißt du, wo unser Papagei geblieben ist?« – »Nein, keine Ahnung, aber frag doch mal unsere Katze, die spricht seit gestern.«

Treffen sich zwei Milchflaschen. Sagt die eine zur anderen: »Tag, wie geht's denn so?« Murrt die andere: »Hör bloß auf, ich bin sauer!«

»Na, wie fanden Sie denn das Wetter heute?« – »Ganz einfach. Ich ging vor die Tür, und da war es.«

Treffen sich zwei Hellseher. Sagt der eine zum anderen: »Dir geht es gut, aber wie geht es mir?«

Kommt die Ente ins Lebensmittelgeschäft. Fragt der Verkäufer: »Was darf's denn sein?« Darauf die Ente: »Quark!«

Lisa berichtet ihrer besten Freundin: »Also ich habe endgültig genug vom Dicksein! Ab sofort mache ich zwei Diäten!« Will die Freundin wissen: » Äh, verstehe ich nicht, warum denn zwei Diäten?« Darauf Lisa: »Na von einer werde ich doch niemals satt!«

Der Vater deutet auf den Sternenhimmel und erklärt seinem Sohn: »Das da oben ist der Große Wagen!« Der Sohn ist begeistert und fragt: »Und Papa, wie viel PS hat der denn?«

»Also mein Bruder arbeitet jetzt in der Fabrik.« – »Am Band?« – »Nein, ich glaube schon, er darf frei herumlaufen!«

Ben fragt seinen Vater: »Du, Papa, darf ich im Bett noch lesen, bis ich einschlafe?« – »Na gut, aber keine Minute länger!«

»Warum siehst du denn so traurig aus, Thomas?« – »Ach, ich habe ein sehr trauriges Buch gelesen!« – »Welches denn?« – »Mein Sparbuch.«

»Woher hast du denn die dicke Beule am Kopf?« – »Siehst du die Glastür da vorne?« – »Ja!« – » Na ja, ich habe sie nicht gesehen.«

»Du, Papa, wir haben heute in der Schule gelernt, wie man Dynamit herstellt.« – »Und was macht ihr morgen in der Schule?« – »In welcher Schule?«

Treffen sich zwei auf der Straße. Meint der eine: »Mein lieber Herr Müller, Sie haben sich aber verändert. Ich erkenne Sie ja kaum wieder. Der Bauch ist weg, die Haare auch und kleiner sind Sie geworden.« – »Aber ich heiße ja auch gar nicht Müller.« – »Na so was, Müller heißen Sie auch nicht mehr?«

Die Kinder beobachten heimlich, wie der Vater im Garten Ostereier versteckt. »Hab ich es mir doch gedacht«, meint Phil, »er ist nicht nur der Weihnachtsmann, sondern auch noch der Osterhase.« Seine Schwester sagt: »Da würde ich mich gar nicht wundern, wenn er auch noch hinter dem Klapperstorch steckt!«

»Kommt eine ziemlich dicke Frau in die Bäckerei und sagt: »Ich möchte bitte Rumkugeln!« Der Bäcker entgegnet entsetzt: »Aber nicht hier in meinem Laden!«

»Hans kann nicht lügen.« – »Wieso?« – »Er ist schwindelfrei!«

Zwei Kelten laufen durch einen Schneesturm. Sagt der eine Kelte: »Scheiß Kälte!« Sagt der andere wütend: »Selber Scheißkelte!«

TIERISCH WITZIG

Über Tiere lassen sich wunderbar Witze machen, weil man dabei Wissen verarbeitet, das sehr viele Menschen gemeinsam haben. Dabei ist es auch egal, wenn vieles eben nicht stimmt. Witze über Tausendfüßler, die zwei Tage brauchen, um ins Haus zu kommen, weil sie sich einzeln die Füße abputzen müssen, funktionieren, obwohl die wenigsten Tausendfüßler wirklich so viele Füße haben.

Auch Witze über menschenfressende Löwen gibt es eine Menge, obwohl die wohl viel seltener Menschen fressen als zum Beispiel Tiger. Gut klappt ein Witz auch, wenn Haustiere vermenschlicht werden und sie plötzlich sprechen oder Dinge tun, die sonst nur Menschen machen.

»Mein Hund wird von Tag zu Tag fauler.« –
»Woran merkst du das?« – »Früher hat
er mir die Leine gebracht, wenn er
raus musste, und jetzt bringt er
mir den Autoschlüssel!«

Laufen ein Elefant und eine Maus die Straße entlang. Da tritt der Elefant aus Versehen der Maus auf den Fuß und sagt: »Entschuldigung!« Da sagt die Maus: »Macht nichts, hätte mir auch passieren können.«

Ein Schwein läuft zum ersten Mal in seinem Leben an einer Steckdose vorbei. Er schaut entsetzt auf die Steckdose und fragt: »Na Bruder, warum haben sie dich denn eingemauert?«

Ein Schaf und ein Rasenmäher stehen nebeneinander auf der Wiese. Sagt das Schaf: »MÄÄÄÄHHHH!« Sagt der Rasenmäher wütend: »Du hast mir hier gar nichts zu befehlen!«

Zwei Katzen sitzen vor einem Vogelkäfig und beobachten den Vogel. Sagt die eine Katze: »Das ist kein Kanarienvogel, der ist ja ganz grün!« Sagt die andere: »Na ja, vielleicht ist er noch nicht reif!«

Helmut Grimm fährt mit seinem Papagei im Käfig über eine Grenze. Man erklärt ihm, dass der Papagei verzollt werden muss. »Und was kostet das?« – »100 € für einen lebenden und 10 € für einen ausgestopften.« Da krächzt der Papagei: »Mensch Helmut, jetzt mach bloß keinen Scheiß!«

Der Hase im Restaurant: »Herr Ober, ein Jägerschnitzel bitte!«

Im Antiquitätenladen sind Möbel aus Hongkong eingetroffen. Sagt der eine Holzwurm zum anderen: »Super, dann können wir bald mal chinesisch essen gehen!«

Lea und ihr Hund sitzen im Bus neben einer Frau. Ärgerlich sagt die zu Lea: »Nimm den Hund da weg. Ich spüre schon einen Floh am Bein hochkrabbeln!« Meint Lea zu ihrem Hund: »Komm Charly, schnell weg da, die Frau hat Flöhe.«

Maus und Elefant kommen bei ihrer Wanderung an eine wacklige Hängebrücke. Sie zögern rüberzugehen, denn sie sieht wirklich ein wenig morsch aus. Da sagt die Maus aufmunternd: »Ich habe eine Idee! Ich gehe vor und wenn nichts passiert, dann kommst du nach!«

Die Sardinenfamilie schwimmt durchs Meer. Da taucht vor ihnen ein U-Boot auf. Die kleinen Sardinen wollen sich ängstlich verstecken. Die Mutter beruhigt sie: »Keine Angst, das sind nur Menschen in Dosen.«

Auf einem Baumstamm sitzen drei Frösche am Teich. Sagt der erste: »Quaak.« Sagt der zweite: »Quaak, Quaak.« Sagt der dritte: »Quaak, Quaak, Quaak.« Schubst der erste den dritten vom Baum in den Teich. Da fragt der zweite den ersten: »Warum hast du das denn gemacht?« Sagt der erste: »Ich kann Schwätzer nicht leiden.«

In einer Höhle lebt eine große Schar Fledermäuse. Alle hängen mit dem Kopf nach unten von der Decke. Bis auf eine. »Was ist denn mit der los?« – »Was mit der ist? Die macht Yoga!«

Ein Mann findet mitten auf dem Bürgersteig einen einsamen Pinguin. Bei der Polizei rät man ihm, den Pinguin zum Zoo zu bringen. Am folgenden Tag sieht der Polizist den Mann mit dem Pinguin durch die Stadt gehen. »Sagen Sie, hatte ich Ihnen nicht empfohlen, mit dem Pinguin zum Zoo zu gehen?« – »Ja, da waren wir ja auch und jetzt gehen wir ins Kino!«

Ein Mann kommt in die Tierhandlung und fragt, was denn der schwarze Terrier kostet. »300 Euro.« – »Wie wär es mit der Hälfte?« Darauf antwortet der Händler: »Tut mir leid, aber wir verkaufen keine halben Hunde!«

Der Bauer zeigt den Hennen in seinem Hühnerstall ein riesiges Straußenei: »So, ihr Lieben, ich will mich ja nicht beschweren, aber hier könnt ihr mal sehen, was anderswo geleistet wird!«

Der Elefant tritt aus Versehen in einen Ameisenhaufen. Tausende Ameisen krabbeln an dem Elefanten hoch. Der schüttelt sich und bis auf eine fallen alle Ameisen wieder von ihm herunter. Die hat sich am Hals festgehalten. Da rufen die anderen Ameisen von unten: »Los, Erwin, würg ihn!«

Zwei Löwinnen laufen durch die Savanne. Da liegt ein Ritter in voller Rüstung unter einem Busch und schläft. »Magst du einen Ritter fressen?«, fragt die eine Löwin. »Ach nein, von Konserven habe ich die Nase voll!«, erwidert die andere.

Die Froschfamilie hüpft über die Wiese. Da nähert sich ihnen ein Storch. Statt Angst zu haben, springt die

Froschmutter auf den Storch zu und brüllt: »Wau, wau, wau!« Erschrocken haut der Storch ab. »Seht ihr, Kinder, was ich immer gesagt habe: Fremdsprachen zu können ist lebenswichtig!«

Das Kino ist aus. Zwei Flöhe treten auf die Straße. Draußen regnet es in Strömen. »Sag mal, sollen wir zu Fuß nach Hause gehen oder nehmen wir uns einen Hund?«, meint der eine zum anderen.

Wie wild toben die jungen Fische durch die See, als sie plötzlich einen Seestern sehen. Ruft einer: »Passt auf, da kommt der Sheriff!«

Ben hat zum Geburtstag einen kleinen Schäferhund bekommen. »Und, willst du ihn ganz alleine großziehen?«, fragt der Nachbar. »Nein«, sagt Ben, »ich wollte ihn eigentlich einfach wachsen lassen.«

Die Frau kommt in die Tierhandlung und verlangt nach einem sprechenden Papagei. Der Verkäufer zeigt auf einen Papagei, der auf einer Stange sitzt, und meint: »Da habe ich sogar etwas ganz Besonderes. Wenn Sie an dem Faden am linken Bein ziehen, dann spricht er Englisch. Ziehen Sie an dem Faden am rechten Bein, dann spricht er Französisch!« – »Und was ist, wenn ich an beiden Fäden ziehe?«, fragt die Frau. »Blöde Frage, dann fall ich auf die Schnauze!«, antwortet der Papagei.

Ein verliebter Regenwurm fleht seine Regenwurmfreundin an: »Wenn du mich nicht heiratest, dann werfe ich mich vor ein Huhn!«

Sitzt ein Mann in der Savanne Afrikas und spielt zauberhaft Klavier. Kommt eine Löwin, hört ihm zu und legt sich friedlich in seiner Nähe hin. Nach und nach kommen mehrere Löwinnen und hören ihm friedlich zu. Kommt schließlich der Löwe und frisst den Klavierspieler auf. Oben in den Bäumen haben zwei Affen alles beobachtet. Meint der eine: »Hab ich es dir nicht gesagt? Wenn der Taube kommt, dann ist es vorbei mit der Musik!«

Herr Schmidt geht mit seiner Tochter in eine Tierhandlung. »Bekomme ich bei Ihnen einen Hund für meine Tochter?« Darauf der Verkäufer: »Tut mir leid, wir tauschen nicht!«

Zwei Faultiere hängen im Baum und rühren sich nicht. Nach zwei Tagen kratzt sich das eine und gähnt. Sagt das andere: »Du machst mich ganz nervös mit deiner Hektik!«

Anruf im Polizeirevier: »Hilfe, Hilfe, hier ist eine Katze im Zimmer!« – »Und deswegen belästigen Sie die Polizei? Sind Sie völlig durchgedreht?« – »Nein, aber ich bin der Papagei, kommen Sie schnell, Gartenstraße 10 bei Schmidt!«

Ein Känguru rennt durch den Busch, bleibt laufend stehen und kratzt sich am Bauch. Schließlich holt es genervt sein Baby aus dem Beutel: »Wie oft habe ich dir schon gesagt, du sollst im Bett keinen Zwieback essen!«

Zwei Vögel beobachten, wie der Gärtner Blumensamen in der Erde vergräbt. Sagt der Vogel zu seiner Frau: »Dass dem das nicht langweilig wird. Jedes Jahr das gleiche Spiel. Er versteckt die Körner und wir müssen sie finden!«

Fred sitzt mit seinem Hund im Kino. Es läuft *Die Schatzinsel*. Der Hund muss laufend lachen. »Du hast aber einen seltsamen Hund«, sagt der Junge neben Fred. »Stimmt, ich wundere mich auch die ganze Zeit. Das Buch hat ihm nämlich überhaupt nicht gefallen.«

Ein Schwein sitzt auf der Wiese und heult. Kommt das Schaf und fragt: »Was ist denn los?« – »Ach, immer bin der der Dumme. Wenn einer etwas Böses tut, heißt es ›So ein Schwein‹. Wenn man jemanden beleidigen will, sagt man ›Du dumme Sau‹. Wenn jemand schmutzig ist, dann heißt es ›So ein Ferkel‹. Ich halte das nicht mehr aus!« Da tröstet das Schaf: »Du hast ja recht. Das ist wirklich eine Schweinerei!«

Sitzen drei Mäuse in der Kneipe. Erzählt die erste: »Ich bin die stärkste Maus der Welt. Ich kann den Bügel einer Mausefalle einfach hochklappen und mir den Käse rausnehmen.« Sagt die zweite: »Mann, das ist doch gar nichts, das schaffe ich sogar mit einer Rattenfalle.« Sagt die dritte: »Kellner, bitte zahlen!« Fragen die beiden anderen: »Was, du willst schon gehen?« – »Ja, ich muss nach Hause, die Katze verhauen!«

Unterhalten sich zwei Eisbären. Fragt der eine: »Und was machst du so im Urlaub?« Antwortet der andere: »Ich fahre nach Mallorca an den Strand und werde Braunbär!«

Zwei Flöhe machen auf einer Glatze einen Abendspaziergang. Meint der eine: »Weißt du noch? Es gab Zeiten, da haben wir hier Verstecken gespielt!«

Bei Familie Schmidt klingelt das Telefon. Der Hund läuft zum Telefon, nimmt ab und sagt: »Wau!« Die Stimme am anderen Ende fragt ein wenig verdutzt: »Wie bitte?« Der Hund seufzt genervt und antwortet: »W wie Werner, A wie Anton, U wie Ulrich ...«

Mutter Holzwurm trifft auf einen anderen Holzwurm. Stolz verkündet sie: »Und wissen Sie, mein Sohn hat es weit gebracht, er arbeitet jetzt in der Bank!«

Eine vornehme, ältere Frau kommt in eine Zoohandlung und schaut sich die vielen unterschiedlichen Tiere an. Vor einem Papageienkäfig bleibt sie stehen und fragt: »Na, du kleiner, bunter Vogel, kannst du auch sprechen?« Darauf der Papagei: »Na, du alte Krähe, kannst du auch fliegen?«

Unterhalten sich zwei Hunde. Benno erzählt stolz: »Gestern habe ich gelernt, wie ich mit der Pfote die Türklinke runterdrücken und dann die Tür öffnen und alleine rausgehen kann.« Waldi antwortet gelangweilt: »Das ist doch nichts Besonderes, ich habe seit Jahren meinen eigenen Haustürschlüssel.«

Kommt ein Schwein ins Café und bestellt ein Glas Milch. Ein Gast wundert sich und sagt zum Besitzer des Cafés: »Das ist aber seltsam!« Erwidert der Besitzer: »Ja, finde ich auch, normalerweise bestellt es immer ein Mineralwasser!«

Unterhalten sich zwei Fische. Fragt der eine: »Hast du heute schon was vor?« Antwortet der andere: »Ja, ich will eine Runde schwimmen gehen.«

Die Gänse fliegen zurück in den Süden. Eine Gans ist zum ersten Mal dabei und fragt die Gans, die neben ihr fliegt: »Warum fliegen wir eigentlich alle hinter dem klapprigen alten Gänserich da vorne her?« – »Der ist der einzige, der ein Navi hat!«

Die Löwenmutter zu ihrem Jungen: »Was treibst du denn schon wieder?« – »Ich treibe Menschen um die Bäume.« – »Aber Kind, ich habe dir doch schon tausendmal gesagt, dass man mit Essen nicht spielen soll!«

Ein Mann sitzt in einem Café und spielt Karten mit seinem Hund. Eine Kellnerin meint verblüfft: »Der Hund scheint ja unheimlich schlau zu sein.« Entgegnet der Hundebesitzer: »Keine Spur. Dumm ist er, immer wenn er gute Karten hat, wedelt er wie verrückt mit dem Schwanz!«

ZUM WIEHERN KOMISCH

Über Pferde und Reiten gibt es eine Menge Witze. Schließlich ist es ein sehr beliebtes Hobby für Kinder und Erwachsene. Bei Kindern sind es vielfach die Mädchen, die sich für Reiten entscheiden, währen die Jungs lieber Fußball spielen. Beim Reiten kann eine Menge an lustigen Sachen geschehen und daher gibt es auch eine Masse Pferdewitze.

In Witzen tauchen natürlich auch immer wieder sprechende Pferde auf, die sich wie Menschen verhalten. Meistens aber geht es um den Reitunterricht und seine Tücken.

Lisa kommt nach Hause und erzählt stolz: »Heute hatte ich die erste richtige Reitstunde.« – »Wirklich, komm setz dich hin und erzähl!« – »Geht nicht.« – »Warum nicht?« – »Weil ich heute die erste Reitstunde hatte.«

Ein Pferd und ein Hund gehen ins Hotel. Das Pferd will hoch aufs Zimmer. Da sagt der Portier: »He, Sie! Den Hund dürfen Sie aber nicht mit aufs Zimmer nehmen!«

Ein Mädchen fragt Tina: »Reitest du?« Tina antwortet: »Ja!« – »Auch Turniere?« – »Nein, eigentlich nur Pferde.«

Claudia bildet sich ganz schön was ein auf ihre Reitkünste und fragt Lena: »Was würdest du tun, wenn du so gut reiten würdest wie ich?« – »Ich würde endlich mal Reitunterricht nehmen!«

Sagt ein Pferd zum anderen: »Der Reitstallbesitzer behandelt mich schlecht. Ständig muss ich durch die Landschaft reiten und bekomme kaum Futter!« – »Schreib doch an den Tierschutzverein«, rät ihm das andere. »Bist du verrückt? Wenn der merkt, dass ich schreiben kann, dann muss ich auch noch die ganze Büroarbeit machen!«

Nick hat seine erste Reitstunde gehabt. Erschöpft rutscht er vom Pferd. »Na, hat es Spaß gemacht?«, fragt die Mutter. »Na ja, ich hätte nicht gedacht, dass ein Tier, das mit Heu gefüllt ist, so hart sein kann.«

Ein Bus hält mitten auf dem Land. Ein Pferd steigt ein und will eine Fahrkarte. Der Busfahrer wundert sich: »Das ist mir ja noch nie passiert, dass ein Pferd mit dem Bus fahren will.« Das Pferd seufzt: »Na ja, hätte mein Fahrrad keinen Platten, wäre das auch nie passiert!«

Ein Pferd steht auf der Weide. Am Zaun hängt ein Schild: *Bitte das Pferd nicht füttern! Der Besitzer.* Daneben klebt ein kleiner Zettel: *Bitte das Schild nicht beachten. Das Pferd.*

»Ist Lisa vom Morgenritt schon zurück?« – »Nein, noch nicht, aber es kann nicht mehr lange dauern, das Pferd ist schon da.«

Der Bildhauer ist bekannt für seine wunderbaren Pferdefiguren. Eine seiner großen Bewunderinnen fragt ihn: »Meister, ist es sehr schwer, aus einem Steinblock ein Pferd zu formen?« – »Kein Stück«, antwortet der Bildhauer, »Sie müssen nur alles weghauen, was nicht nach Pferd aussieht!«

Der Pferdehändler ist überrascht, dass der Kunde nach zwei Tagen kommt, um das Pferd zurückzugeben. »Was ist denn passiert, warum sind Sie mit dem Pferd nicht zufrieden?« – »Na ja, es ist halt so, es passt nicht.« – »Wie, was passt nicht?« – »Der Sattel passt nicht und die Steigbügel sind zu lang …«

Ein Mann reitet durch die Wüste und schwitzt ohne Ende. Da begegnet ihm ein Fahrradfahrer, der noch recht frisch aussieht. »Wieso bist du denn noch so frisch?« Der Radfahrer antwortet: »Der Fahrtwind kühlt total gut!« »Das kann ich auch«, denkt sich der Reiter, gibt seinem Pferd die Sporen und galoppiert, was das Zeug hält. Es dauert nicht lange, da fällt das Pferd vor Erschöpfung tot um. Sagt der Reiter: »Mist, ist mir das arme Tier doch glatt erfroren!«

»Mama, ich weiß jetzt wo die Pferde herkommen!«, erzählt Leon freudestrahlend seiner Mutter. »Na dann erzähl mal.« – »Ich habe den Mann gesehen, der sie baut. Das Pferd war fast schon fertig und er hat nur noch die Füße unten dran genagelt!«

In einer Kneipe unterhalten sich drei Rennpferde. Das erste erzählt ganz stolz: »Ich habe über die Hälfte all meiner Rennen gewonnen!« Meint das zweite: »Nicht schlecht, aber ich habe sogar 67 % meiner Rennen gewonnen.« Darauf das dritte Pferd: »Nichts gegen mich. Ich habe 80 % meiner Rennen gewonnen.« Meldet sich vom Nebentisch ein Windhund: »Ich will ja nicht angeben, aber ich habe jedes meiner Rennen gewonnen!« Da schauen sich die Rennpferde verblüfft an, kommen aus dem Staunen nicht mehr heraus. Eins meint schließlich: »Wahnsinn, ein Hund, der sprechen kann!«

UNHEIMLICH KOMISCH

Komisch an Witzen über Gespenster, Vampire, Untote und sonstige Fantasiegestalten ist ja, dass sie gerade noch niemand gesehen hat. Aber sie geistern dennoch durch so viele Erzählungen, Märchen, Romane und Filme, dass sich jeder mit ihnen auskennt und weiß, was Vampire trinken und wo Geister spuken.

Familie Müller hat über eine Ferienhausvermittlung eine Wohnung auf einem schottischen Schloss gefunden. Als sie dort ankommen, fragt der Vater dennoch vorsichtshalber: »Und auf dem Schloss gibt es auch ganz bestimmt keine Gespenster?« Antwortet der Schlossherr: »Ganz gewiss nicht, ich wohne hier seit 550 Jahren und habe noch nie eins gesehen!«

Der Gast in einem alten schottischen Schloss irrt nachts durch die Gänge. Da begegnet ihm ein kettenrasselndes Gespenst. »Seit 400 Jahren spuke ich durch diese Gemäuer!« Meint der Hotelgast: »Na super, dann wissen Sie ja bestimmt, wo ich eine Toilette finden kann!«

»Du Mama, darf ich später mal eine richtig böse Hexe werden?« – »Aber sicher, mein Kind, aber nur wenn du schön brav bist!«

Treffen sich zwei unsichtbare Gespenster. Sagt das eine zum anderen: »Na dich habe ich aber lange nicht gesehen!«

Nach der Untersuchung sagt der Zahnarzt zum Skelett: »Sie haben Glück, Ihre Zähne sind vollkommen in Ordnung, aber Ihr Zahnfleisch macht mir ernsthaft Sorgen.«

Der kleine Niklas hat den Fernseher angemacht und schaut einen Krimi. Der Mutter gefällt das gar nicht und sie macht den Fernseher aus. »Komm, Niklas, ich will nicht, dass du so brutale Filme siehst. Ich lese dir jetzt das Märchen vor, wo Hänsel und Gretel die Hexe im Backofen verbrennen.«

Treffen sich zwei Vampire kurz nach Mitternacht. Fragt der eine: »Na, wie geht's denn so?« – »Na ja, man beißt sich so durch.«

Ein Skelett ist auf dem Weg zum Friedhof. Da kommt gerade ein Leichenwagen vorbei. »Wie praktisch«, denkt es sich, hebt den Arm und ruft: »Hallo, Taxi!«

Unterhalten sich zwei Vampire. Sagt der eine: »Bevor ich auf die Jagd gehe, schaue ich mir immer blutrünstige Katastrophenfilme an!« – »Warum das denn?«, wundert sich der andere. »Die sind so wunderbar appetitanregend!«

Ein Gruselfilm wird gedreht. Der Hauptdarsteller soll von einer Klippe tief hinunter ins Meer springen. Er beschwert sich beim Regisseur: »Da unten ragen lauter Felsen aus dem Wasser und überhaupt: Ich kann ja nicht einmal schwimmen.« Antwortet der Regisseur ungerührt: »Nicht schlimm, ist doch die letzte Szene!«

»Was ist drei Meter groß, hat ein gewaltiges Maul mit gelben Zähnen, zwei Köpfe und Fledermausflügel und schaut dabei sehr böse aus?« – »Keine Ahnung!« – »Ich auch nicht, aber es steht genau hinter dir!«

Zwei junge Seemonster durchwühlen die wildeste Meeresbrandung. Fragt das eine: »Was spielst du eigentlich am liebsten?« – »Schiffe versenken!«

Um Mitternacht klettern zwei Skelette aus ihren Gräbern und gehen zu zwei Motorrädern, die auf dem Parkplatz stehen. Gerade wollen sie losfahren, da sagt das eine Skelett: »Warte einen Moment, ich habe was vergessen!« Nach kurzer Zeit kommt es mit seinem Grabstein auf dem Rücken zurück. Fragt das andere Skelett: »Was soll das denn?« Antwort: »Glaubst du ernsthaft, ich fahre ohne Papiere?«

Das Skelett hat sich gerade eine Zigarette angezündet, da kommt ein Freund des Wegs. »Du rauchst ja wieder!«, meint der Freund. »Ja«, sagt das Skelett, »aber nicht mehr auf Lunge.«

Graf Dracula kommt total betrunken nach Hause. Schimpft seine Frau: »Musst du denn auch immer Leute beißen, die aus der Kneipe kommen?«

Der Vampir fährt ganz allein auf einem Tandem durch die Nacht. Da wird er von einem Polizisten angehalten: »Verkehrskontrolle! Haben Sie etwas getrunken?« Antwortet der Vampir: »Nur zwei Radler!«

WITZE AUS DER SCHULE

Über keinen Lebensbereich gibt es so viele Witze wie über die Schule. Ist ja klar, wir verbringen dort viele Jahre unseres Lebens. Nie wieder ist man später mit so vielen anderen Menschen zusammen wie in dieser Zeit. In den Pausen hat man viel Gelegenheit, sich gegenseitig Geschichten zu erzählen oder eben auch Witze.

Oft stehen natürlich die Lehrer und ihre ganz besonderen Eigenarten im Vordergrund. Sehr oft aber geht es auch darum, wie mühsam es sein kann, einen ganzen Schultag zu bestehen, weil man so lange ruhig sitzen bleiben muss. Also, bei Langeweile erzählt euch ruhig mal einen Witz, das lockert die Stimmung.

Der Lehrer steht vor der Klasse und fragt: »Was versteht man unter dem Morgengrauen?« Alexander weiß es: »Das ist das Grauen, das man am Morgen hat, wenn man in die Schule muss.«

»Ich glaube, die Frage macht dir große Probleme«, sagt der Lehrer. Der Schüler antwortet: »Die Frage nicht, aber die Antwort.«

Fragt die Mathelehrerin: »Es sitzen acht Tauben auf einem Baum. Der Jäger schießt eine ab. Wie viele bleiben übrig?« Lisa antwortet: »Keine einzige, die anderen fliegen weg.«

»Sag mal, habe ich dein Gesicht nicht gestern woanders gesehen?«, fragt die Lehrerin einen Schüler, der die letzte Stunde geschwänzt hat. »Kann nicht sein, ich trage es eigentlich immer oben am Kopf.«

Der Lehrer fragt Lisa: »Welche drei Wörter brauchen Schüler am meisten?« Lisa: »Weiß ich nicht!« Lehrer: »Richtig!«

Sandra geht in die erste Klasse. Als Oma zu Besuch kommt, fragt sie: »Na, kannst du schon das ABC?« – »Na klar, schon bis 100.«

Fragt der Lehrer in der Klasse nach, wer denn eine Bauernregel kennt. Meldet sich Peter: »Sind die Hühner platt wie Teller, war der Trecker wieder schneller!«

Die Lehrerin zählt auf: »Es gibt Millimeter, Zentimeter, Dezimeter, Meter und was gibt es noch?« Antwortet Tim: »Elfmeter!«

Der Lehrer schreibt 2:2 an die Tafel und fragt: »Was bedeutet das?« – »Unentschieden«, ruft Anton.

»Ich habe schon wieder alles falsch getippt«, ärgert sich Max' Vater bei einem Blick auf die Lottozahlen. »Mach dir nichts draus«, besänftigt ihn Max, »geht mir bei einer Mathearbeit auch immer so.«

»Ich hoffe, dass ich dich nie wieder beim Abschreiben erwische«, brüllt der Lehrer. Der Schüler erwidert kleinlaut: »Das hoffe ich aber auch.«

Fragt die Lehrerin: »Welche großen Männer wurden hier in unserer Stadt geboren?« – »Soviel ich weiß, werden hier immer nur kleine Kinder geboren«, antwortet Thomas.

In der großen Pause geben zwei Schüler damit an, was ihre Väter alles können. »Mein Vater hat mit seinem Bagger das Loch für den Bodensee gegraben!« – »Pah, das ist noch gar nichts«, erwidert Kevin, »meiner hat mit einer geraden Rechten das Tote Meer erschlagen.«

»Max. Was ist ein Vakuum?« – »Ich hab's im Kopf, aber ich komme nicht drauf!«

»Wenn alle gleichzeitig reden, kann ich ja mein eigenes Wort nicht mehr verstehen«, sagt der Lehrer völlig genervt. »Och, da versäumen Sie nicht viel!«, entgegnet Max.

Der Lehrer hat eine Deutscharbeit zurückgegeben. Da fragt Charlotte: »Was haben Sie denn da unter meine Arbeit geschrieben, das kann ich nicht lesen.« – »Da steht: Schreib deutlicher!«

»Also, sagt mir mal, wer weiß denn, was Mumien sind?«, fragt der Lehrer in der vierten Klasse. Leon meldet sich und sagt: »Eingemachte Könige!«

»Auf den Moment habe ich mich schon ewig gefreut«, sagt der Verkehrsrichter zu dem Verkehrssünder, seinem alten Deutschlehrer: »Jetzt stellen Sie sich in die Ecke und schreiben Sie hundertmal: »Ich darf nicht bei Rot über die Ampel fahren!«

»Sag mal, Peter, wie kannst du an einem einzigen Tag nur so viele Fehler machen?« – »Ach, Frau Lehrerin«, antwortet Peter, »kein Problem, wenn man nur früh genug aufsteht.«

Max steht vor der Klasse. Die Musiklehrerin bittet ihn: »Sing mir ein E!« Max singt und trifft den Ton. »Und jetzt bitte ein C!« Max singt und trifft den Ton. »Sehr schön, Max. Und jetzt bitte G!« – »Von mir aus«, sagt Max, nimmt seine Sachen und geht.

Im Sachkundeunterricht soll Hans zum Globus gehen und darauf Nordamerika finden. Hans zeigt auf die richtige Stelle: »Hier ist Nordamerika.« – »Sehr richtig. Und nun du, Robin. Wer hat Nordamerika entdeckt?« – »Das war der Hans!«

Der Lehrer passt während der Klassenarbeit gut auf, dass niemand schummelt. »Wer hat da gerade getuschelt? Johann, raus mit der Sprache!« – »Ich verpetze doch keinen«, antwortet Johann, »und schon gar nicht meinen besten Freund Theo.«

Benjamin ist dafür bekannt, dass er gerne rauft. In der Geschichtsstunde wird er gefragt, wer das römische Heer geschlagen hat. »Herr Lehrer«, antwortet er, »Sie können es mir ehrlich glauben, diesmal war ich es wirklich nicht!«

»Na wie war's denn heute in der Schule?« – »Echt peinlich.« – »Wieso, was ist denn geschehen?« – »Na ja, ich wusste nicht, wo der Äquator ist.« – »Kein Wunder, ich habe dir schon tausendmal gesagt, du sollst für Ordnung in deiner Schultasche sorgen!«

Der Schulrat kommt in Jonas' Klasse. Er will prüfen, wie gut die Schüler Englisch gelernt haben. Er fragt Jonas: »Kennst du das englische Wort für die Zahl Neun?« – »Nein!« – »Sehr gut, das klappt ja hervorragend!«

»Du bist also der Neue in der Klasse. Wie heißt du denn?« – »Tim Schmidt.« – »Und dein Alter?« – »Josef Schmidt.«

Morgens beim Frühstück: »Ich will aber nicht in die Schule! Die Lehrer sind alle doof und die Schüler spielen mir einen Streich nach dem anderen!« – »Keine Chance, du musst gehen, du bist der Direktor!«

Der Lehrer fragt im Geschichtsunterricht, wann Rom erbaut worden ist. Udo meldet sich: »In der Nacht!« – »Wie kommst du denn darauf?« – »Mein Vater hat gesagt, Rom wurde auch nicht an einem Tag gebaut.«

Im Biologieunterricht fragt der Lehrer: »Welche Arten von Schlangen gibt es?« Lisa meldet sich: »Also, wenn die Schlangen gut sehen, dann sind das die Seeschlangen. Wenn sie schlecht sehen, sind das Brillenschlangen. Und wenn sie gar nichts mehr sehen, sind es Blindschleichen.«

Der Deutschlehrer studiert die Speisekarte. Darauf wird »Omelet« falsch geschrieben, mit nur einem »t«. Der Deutschlehrer ruft den Kellner herbei und erklärt: »Omelett mit zwei ›t‹!« Ruft der Kellner zur Küche: »Einmal das Omelett und zwei Tee bitte!«

Barbara soll einen Aufsatz zum Thema »Ein Besuch bei meinen Großeltern« schreiben. Ihr fällt dazu überhaupt nichts ein. Da hat sie die rettende Idee: »Wir wollten meine Großeltern besuchen, aber die waren nicht zu Hause.«

Peter kommt nach dem ersten Schultag nach Hause. Fragt ihn seine Mutter: »Na, alles in Ordnung?« – »Nein, überhaupt nicht, ich muss morgen noch mal hin!«

Der Schuldirektor zu seinen Lehrern: »Liebes Kollegium, ich habe nichts dagegen, dass es bei uns geteilte Meinungen gibt. Aber wir wollen uns doch bitte darauf einigen, dass ich eine Meinung habe und Sie diese Meinung gefälligst teilen!«

Barbara ist heute echt müde. Vielleicht ist ihr auch ein wenig schwindlig, sie hat Bauchweh, der Kopf fühlt sich seltsam an. So kann sie doch unmöglich in die Schule gehen. Also schreibt ihre Mutter ihr eine Entschuldigung: »Barbara kann heute nicht zur Schule kommen. Sie hat Bauchschmerzen, Kopfweh und ein wenig Schwindel ist auch dabei!«

Theo schläft mitten im Unterricht einfach ein. Der Lehrer weckt ihn: »Der Klassenraum ist wohl nicht der richtige Ort, um zu schlafen!« Meint Theo: »Och, das geht schon, aber könnten Sie dann ein wenig leiser sprechen?«

Tobi ist echt genervt: »Überall reden sie vom Lehrermangel, bloß bei uns fehlt nie einer!«

Marie hat die kranke Lehrerin besucht. Vor dem Haus warten einige Klassenkameradinnen. Sie wollen wissen, wie es der Lehrerin geht. »Es gibt keine Hoffnung mehr«, sagt Marie betrübt. »Sie kommt am Montag wieder in die Schule!«

Die Lehrerin beschwert sich: »Jan, dein Aufsatz zum Thema ›Mein Hund‹ ist Wort für Wort der gleiche wie der deines Bruders.« – »Kein Wunder, es ist ja auch derselbe Hund!«

Marius erzählt seiner Mutter ganz fröhlich: »Du, Mama, morgen muss ich nicht in die Schule.« – »Warum das denn?«, will die Mutter wissen. Marius erklärt: »Morgen ist die Lehrerin nicht da. Am Ende hat sie gesagt: »Genug für heute, morgen fahre ich fort.«

Fragt die Mutter: »Wo ist denn eigentlich dein Zeugnis?« – »Das habe ich dem Torben geliehen, der will damit seine Eltern erschrecken!«

Der Lehrer zur Klasse: »Also, es gibt den Gehörsinn, den Geruchssinn, den Tastsinn ... wer kann mir denn noch andere Sinne nennen?« Meldet sich Lars und sagt stolz: »Der Unsinn.«

Der Geschichtslehrer will von Fred wissen, wo der Friedensvertrag unterschrieben wurde, der den Dreißigjährigen Krieg beendet hat. Felix überlegt lange hin und her und antwortet dann ein wenig unsicher: »Unten links vielleicht?«

Ein Schüler, ein Lehrer und der Schuldirektor begegnen zufällig einer guten Fee. Die Fee sagt zu ihnen: »Jeder von euch hat einen Wunsch frei.« Der Schuldirektor: »Ich möchte die Schule für ein Jahr schließen und auf eine einsame Südseeinsel.« Und hast du nicht gesehen, schon hat die Fee ihn auf die Südseeinsel gezaubert. Der Lehrer: »Ich möchte nicht mehr in die Schule müssen und will sofort in Pension gehen.« Schwuppdiwupp ist er von der Fee nach Hause gezaubert. Meint die Fee zum Schüler: »Und was wünschst du dir?« – »Och, meine größten Wünsche sind gerade schon in Erfüllung gegangen, ich hätte gerne eine kühle Limonade!«

Fragt die Lehrerin in der Klasse: »Na, was glaubt ihr, ist der Mond bewohnt?« – »Na klar!«, antwortet Tini, »da brennt doch meistens Licht.«

Lotte wird vom Lehrer gefragt: »Kannst du dir vorstellen, warum Fische stumm sind?« – »Na klar, oder können Sie sprechen, wenn Ihr Kopf unter Wasser ist?«

Der Vater ist verzweifelt und fragt den Lehrer: »Sagen Sie, gibt es denn nicht doch noch irgendeine Möglichkeit, dass unser Paul versetzt wird?« Sagt der Lehrer: »Tut mir wirklich leid, aber mit dem, was Ihr Sohn alles nicht weiß, könnten noch drei andere Schüler sitzen bleiben.«

Der Lehrer will etwas anschaulich erklären: »Also, wenn ich ein Stück Papier in vier Teile zerreiße, dann habe ich Viertel. Wenn ich es in acht Teile zerreiße, dann habe ich Achtel. Und was kommt heraus, wenn ich es in tausend Teile zerreiße?« Die einstimmige Antwort: »Konfetti!«

Der Lehrer hat Linda ins Heft geschrieben, dass sie im Unterricht immer viel zu viel redet. Schreibt Lindas Vater dem Lehrer zurück: »Ich kann Sie gut verstehen, dass Sie das stört, aber da müssten Sie erst mal ihre Mutter erleben!«

Angie fragt ihre Freundin: »Wie stellst du dir eigentlich die ideale Schule vor?« Antwort: »Geschlossen!«

Der Sohn des Kinobesitzers kommt nach dem ersten Schultag nach Hause. Fragt der Papa: »Na wie war's?« – »Super, bis auf den letzten Platz ausverkauft!«

Aurelia wird vom Lehrer gefragt: »Was ist der Plural von Grashalm?« Antwort: »Wiese.«

Kai kommt zu spät in die Schule und rast wie der Blitz die Treppen hoch. Da steht plötzlich der Schulleiter vor ihm und sagt: »Zehn Minuten zu spät!« – »Ich auch!«, sagt Kai.

»Hat die Medizin schlimme Nebenwirkungen?«, fragt Oliver den Arzt. »Allerdings«, antwortet der, »morgen kannst du wieder in die Schule gehen.«

SPORT IST MORD

Witze über Sport sind fast immer Fußballwitze. Viele handeln von bekannten Fußballern. Die funktionieren aber nicht über längere Zeit, weil immer neue Spieler die Rolle des besten Torwarts oder des berühmten Stürmers einnehmen. Viele Witze gehen natürlich auch auf Kosten von Vereinen, die gerade nicht so gut dastehen, und können so jedes Jahr neu erzählt werden.

»Warum gehen Blondinen nicht ins Dortmunder Westfalenstadion?« – »Das ist selbst denen zu blöd.«

Den Witz könnte man auch so erzählen:

»Warum gehen Ostfriesen nicht ins Stadion des HSV?« – »Das ist selbst denen zu blöd.«

Erstaunlich aber ist, wie viele Witze davon ausgehen, dass Fußballer strohdumm sind:

»*Was sieht man, wenn man einem Fußballer tief in die Augen sieht?*« – »*Die Rückwand vom Kopf!*«

»Schade, es gibt momentan so wenig Fußball im Fernsehen«, meint der Fußballfan zu seiner Frau. »Nun ja, bei dem Wetter können die ja auch wieder draußen spielen!«

Treffen sich zwei Mannschaften in der Kabine. Fragt einer: »Sagt mal, versteht euer Trainer wirklich so viel vom Fußball?« – »Aber klar! Vor dem Spiel erklärt er uns, wie wir gewinnen können, und nach dem Spiel erklärt er uns, warum wir verloren haben.«

Der Trainer der Spitzenmannschaft macht mit der Mannschaft einen Gang durchs Stadion: »Also Jungs, die Fotografen sind da drüben, das kennt ihr ja. Und wo die Fernsehkameras hängen, wisst ihr auch – und jetzt zeige ich euch, wo die Tore stehen!«

Der Trainer im Interview: »Ich habe zu meiner Mannschaft rübergebrüllt: ›Stürmen!‹ Aber sie haben wohl verstanden: ›Türmen!‹«

Wer ist der Angstgegner der deutschen Nationalmannschaft?
– Der Ball!

Im Sportunterricht liegen alle Kinder auf den Matten und fahren mit den Beinen in der Luft Rad. Nur Anton bewegt sich kein Stück. »Anton, warum machst du denn nicht mit?«, fragt die Lehrerin. »Och, ich fahre gerade bergab!«

»Du bist einfach zu langsam«, sagt der Trainer zu seinem Mittelstürmer. »Geht denn gar nichts schnell bei dir?« – »Doch, ich werde immer ganz schnell müde.«

Im ausverkauften Stadion sitzt ein Mann und wartet, dass das WM-Finale angepfiffen wird. Neben ihm ist ein Platz frei. Ein Sitznachbar fragt. »Wissen Sie, wem der Platz gehört?« – »Der Platz gehört meiner Frau. 40 Jahre haben wir jedes Finale zusammen gesehen, aber nun ist sie gestorben.« – »Mein Beileid, aber wollte denn keiner Ihrer Freunde die Karte übernehmen?« – »Nein, die sind alle auf der Beerdigung!«

Anton kommt stolz vom Fußballspiel nach Hause. »Du, Mama, ich habe heute zwei Tore geschossen.« – »Na, und wie war der Endstand?« – »1:1!«

Der Trainer wird interviewt: »Wir waren vor dem Spiel alle überzeugt davon, dass wir das Spiel gewinnen werden. Und meine Mannschaft hat gezeigt, dass sie dazu in der Lage ist. Leider nur in den ersten zweieinhalb Minuten!«

Berühmter Kommentar eines bekannten Trainers: »Mal verliert man. Und mal gewinnen die anderen.«

Der Zeitungsreporter fragt den Handballtrainer: »Sagen Sie, was empfinden Sie, wenn Ihre Mannschaft gewinnt?« – »Keine Ahnung, ich trainiere die Mannschaft erst seit einem Jahr!«

»Stell dir vor, mein Hausarzt hat mir empfohlen, mit dem Fußballspielen aufzuhören.« – »Hat er bei der Untersuchung etwas bei dir gefunden?« – »Nein, gar nicht, er hat mich am Sonntag spielen sehen.«

Der Trainer ist sehr zufrieden: »Meine Spieler sind viel fairer mit ihren Gegnern als früher. Wenn es jetzt Verletzte gibt, gehen sie ins Krankenhaus, um sie zu besuchen!«

Der Boxer hängt ziemlich angeschlagen in seiner Ecke. Er wartet auf den Gong zur nächsten Runde. »Weißt du was?«, rät ihm sein Trainer. »Wenn dein Gegner wieder zuschlägt, dann schlägst du einfach mal zurück!«

Sagt der Zuschauer zum Schiedsrichter: »Mann, das war ja ein tolles Spiel. Nur schade, dass Sie es nicht gesehen haben!«

Der Boxer beschwert sich: »Der Weg von der Kabine zum Ring ist aber weit!« Tröstet ihn sein Trainer: »Macht doch nichts, zurück wirst du ja sowieso getragen.«

Die Mannschaft liegt weit abgeschlagen zurück. Es steht 0:13. »Leute«, sagt der Trainer in der Halbzeitpause, »ich bin ja nicht abergläubisch, aber für einen Sieg sehe ich trotzdem schwarz.«

Wie viele Fußballspieler braucht man, um eine Glühbirne zu wechseln?
– Die ganze Mannschaft! Einer steht auf der Leiter und hält die Glühbirne. Die anderen drehen das Haus.

Der Mittelstürmer kommt vom Platz gehumpelt. Der besorgte Trainer fragt: »Hast du dich verletzt?« Meint der Mittelstürmer: »Ne, kein Problem, mir ist nur das Bein eingeschlafen!«

Nach dem Wettkampf hält der Schwimmtrainer eine ermutigende Rede: »Leute, wir haben zwar keine Medaille gewonnen, aber dafür ist auch keiner ertrunken!«

Der Trainer regt sich furchtbar auf, läuft die Seitenlinie auf und ab und brüllt seiner Mannschaft zu: »Ihr Penner! Lasst den Kerl doch nicht einfach so frei zum Schuss kommen!« – »Kein Problem, Trainer«, ruft der Kapitän zurück, »es ist ein Elfmeter!«

Der Sohn des berühmten Fußballstars bringt freudestrahlend sein Zeugnis mit nach Hause. »Papa, sieh mal, mein Vertrag für die vierte Klasse wurde erfolgreich verlängert!«

Unterhalten sich zwei Fußballfans. »Meine Frau hat gedroht, sich scheiden zu lassen, wenn ich weiterhin jedes Wochenende ins Stadion gehe«, berichtet der eine. »Na, das ist aber übel!«, kommentiert der andere. »Stimmt. Irgendwie werde ich sie schon ein wenig vermissen!«

Franz sitzt im Fußballstadion in der VIP-Lounge. Fragt ihn ein älterer Mann: »Na, mein Junge, wo hast du denn die teure Eintrittskarte her?« Franz antwortet: »Von meinem Vater.« – »Das ist aber wirklich nett von ihm. Und wo ist dein Vater?« Antwortet Franz: »Der ist zu Hause und sucht wie verrückt die Karte!«

Der Marathonläufer dreht seine Schlussrunde im Stadion und springt ganz am Ende auch noch einmal über eine Hürde. »Unglaublich. Der Mann ist einfach unglaublich«, meint ein Zuschauer. Sein Nachbar entgegnet nur: »Was heißt hier unglaublich? Bei dem Anlauf?«

Der Trainer: »Am besten spielen wir eigentlich, wenn der Gegner nicht da ist!«

Nach einer schrecklich hohen Niederlage spricht der Trainer zu seiner Mannschaft: »Leute, was hatte ich euch gesagt? Ihr solltet spielen, wie ihr noch nie gespielt habt, und nicht spielen, als ob ihr noch nie gespielt hättet!«

Der Lehrer bittet Jupp, drei berühmte Deutsche zu nennen, deren Nachnamen mit B beginnen. Jupp antwortet wie aus der Pistole geschossen: »Beckenbauer, Ballack, Boateng!« – »Die Namen Bach, Brahms und Beethoven sagen dir wohl nichts?« Jupp überlegt ganz kurz: »Ich glaube nicht, aber ich interessiere mich auch nicht für die Ersatzspieler!«

Eine Fußballerin heiratet. Vor der Kirche fragt der Pfarrer einen gut gekleideten Mann: »Sie sind sicher der Bräutigam?« – »Nein, leider nicht, ich bin im Halbfinale ausgeschieden!«

Der Fußballstar hat ein entscheidendes Tor geschossen. Im Interview gesteht er: »Im ersten Moment war ich nicht nur glücklich, ein Tor geschossen zu haben, sondern auch, dass der Ball reinging!«

Anruf in dem Hotel, wo die deutsche Nationalelf bei der WM übernachtet hat. »Ich möchte gern Herrn Löw sprechen.« – »Tut mir leid, die Deutschen sind ausgeschieden und abgereist.« Kurze Zeit später klingelt es wieder. »Ich möchte gern Herrn Löw sprechen.« – »Ich habe Ihnen doch schon gesagt, das geht nicht, die Deutschen sind ausgeschieden und abgereist, haben Sie das nicht kapiert?« – »Doch, schon, aber ich höre das so gerne.«

Ein Sportler liegt mit hohem Fieber im Bett. Sein Arzt wirft einen Blick aufs Thermometer und ruft erschrocken: »Mein Gott, 40 Grad!« Mit schwacher Stimme fragt der Sportler: »Und wo liegt der Weltrekord?«

Die Frau zu ihrem Ehemann: »Ich weiß ja, dass die Formel 1 alles für dich ist. Du siehst jedes Rennen, überall hängen Formel-1-Plakate und im Schlaf machst du Geräusche wie ein Rennauto …« Der Ehemann: »Aber?« – »Aber dass du unsere Tochter auf den Namen ›Sebastian‹ taufen willst, das geht dann doch zu weit!«

Fragt der Erdkundelehrer: »Wer kann mir denn sagen, wo Dortmund liegt?« Meldet sich der fußballbegeisterte Yannik aufgeregt, weil er auch mal etwas weiß: »Im Moment auf Platz 2, Herr Lehrer!«

Beschwert sich die Ehefrau: »Du hast immer nur deinen Fußball im Kopf. Ich glaube, du weißt nicht einmal mehr, wann wir geheiratet haben!« – »Das stimmt ja gar nicht«, antwortet der Ehemann. »Das war an dem Sonntag, als Deutschland gegen die Schweiz 3:0 gewonnen hat.«

Beim schnellsten Läufer der Welt ist eingebrochen worden. Der Täter konnte entkommen. Der Polizist fragt ihn verwundert: »Aber warum sind Sie ihm nicht hinterher und haben ihn eingeholt?« – »Habe ich doch. Ich habe ihn sogar überholt und lange die Führung gehalten. Als ich mich dann umgedreht habe, da war er einfach weg!«

Eine Fußballmannschaft fliegt zu ihrem nächsten internationalen Turnier. Der Flug ist lang und plötzlich fangen die Fußballer an, in der Maschine mit dem Ball zu kicken. Der Co-Pilot geht nach hinten, um für Ruhe zu sorgen. Nach drei Minuten kommt er zurück. Es herrscht absolute Stille. Fragt der Pilot: »Wie hast du das so schnell hingekriegt? Was hast du denen gesagt?« – »Ach, ganz einfach, ich habe gesagt: ›Jungs, draußen ist so schönes Wetter, spielt doch lieber vor der Tür!‹«

BÖSE WITZE

Witze dienen unter anderem dazu, sich über Sachen lustig zu machen, über die man sonst so gar nicht lachen kann. Dazu gehören auch Dinge, über die man eigentlich nicht gerne spricht, wie Krankheiten, Tod oder furchtbare Grausamkeiten. Im Witz ist aber so gut wie alles möglich.

Fragt der Burgherr seinen Folterknecht: »Wie viele Gefangene haben wir in unserem Kerker?« – »23 und ein paar Zerquetschte.«

»Mama, ich habe keine Lust mehr mit Opa zu spielen!«
– »Dann räum die Knochen wieder in die Kiste und
komm zu mir!«

Kurz vor Weihnachten geht Kevin zum Krippenspiel
mit in die Kirche. Unbeobachtet stopft er sich Maria und
Josef aus der Krippe unter die Jacke. Zu Hause nimmt er
einen Stift und Papier: »Liebes Christkind, entweder ich
bekomme zu Weihnachten einen Hund oder du siehst
deine Eltern nie wieder!«

Ali rettet seinen Klassenlehrer vor dem Ertrinken.
»Danke dir, Ali, jetzt hast du bei mir etwas gut. Was
wünschst du dir denn?« – »Erzählen Sie in der Schule
bloß keinem, dass ich Sie gerettet habe!«

Unterhalten sich zwei Frauen beim Bäcker. »Heute habe ich im Tierheim für meinen Mann einen netten kleinen Hund bekommen!« – »Nein, was Sie nicht sagen, da
haben Sie ja einen guten Tausch gemacht!«

Vor dem Gymnasium liegt eine Leiche. Zwei Polizisten sollen den Fall bearbeiten. »Sag mal, wie schreibt man eigentlich ›Gymnasium‹?«, fragt der eine. »Weiß ich auch nicht, komm wir schleifen ihn einfach bis vor die Post.«

Treffen sich zwei Kannibalen. Der eine trägt ein Skelett unterm Arm. Fragt der andere: »Wo willst denn hin?« – »Ach, zum Supermarkt, Leergut wegbringen.«

Ein Autofahrer auf der Autobahn schaltet das Radio ein: »Eine Warnung für die A1, dort ist ein Geisterfahrer unterwegs.« Denkt der Fahrer: »Einer? Hunderte!«

»Warum so traurig?«, fragt eine Regenwurmfrau die andere. »Ach, mein Mann ist zum Angeln!«

Die kleine Sophia sitzt auf der Treppe vor dem Haus und weint bitterlich. Die Nachbarin kommt vorbei und will sie trösten und fragt, was denn geschehen ist. »Meine Mama hat unsere Katzenbabys ertränkt.« – »Aber das ist ja furchtbar!«, ruft die Nachbarin entsetzt. »Ja«, seufzt Sophia, »dabei hatte sie mir fest versprochen, dass ich das machen darf.«

Kommt der Hofhund zu den Gänsen: »Ich habe eine gute und eine schlechte Nachricht für euch. Die gute: Gestern haben die Jäger alle Füchse der Gegend geschossen. Die schlechte: Morgen wird das mit einem großen Gänseessen gefeiert.«

»Theresa, was weißt du über die alten Griechen?«
– »Alle tot!«

Es klingelt an der Tür. Susi öffnet und ruft: »Papa, da ist jemand und sammelt für das neue Schwimmbad.« – »Dann gib ihm einen Eimer Wasser mit!« Kurz darauf klingelt es wieder. »Papa, da sammelt jemand für das neue Altenheim.« Ruft der Papa: »Na, dann gib ihm doch den Opa mit!«

Zwei Fischmädchen treffen sich. Fragt das eine: »Was ist eigentlich mit deiner Verlobung? Hat dein Liebster immer noch nicht angebissen?« Antwortet das andere Fischmädchen ganz traurig: »Doch. Leider!«

Fragt auf dem Bauernhof die eine Gans die andere: »Sag mal, glaubst du an ein Leben nach Weihnachten?«

Im Zirkus wird der Artist vom Direktor angekündigt, der seinen Arm ins Maul eines Tigers halten soll: »Verehrtes Publikum, nun kommt ein Künstler, den Sie unter seinem früheren Namen ›Theo der Einmalige‹ kennen.« – »Und wie heißt er jetzt?« – »Theo der Einarmige!«

Ein ziemlich beleibter Mann steht vor einer Schule. Er will seine Tochter abholen. Kommt eine Lehrerin vorbei und fragt ihn: »Erwarten Sie ein Kind?« – »Nein!«, antwortet der Vater, »ich war schon immer so dick.«

Die letzten Worte des Sportlehrers: »Alle Speere zu mir!«

Ein Dicker trifft einen Dünnen und sagt: »Wenn man dich so sieht, könnte man denken, eine Hungersnot wäre ausgebrochen.« – »Na, und wenn man dich dann sieht«, antwortet der Dünne, »dann weiß man auch, wer schuld daran ist.«

Treffen sich zwei Planeten. Klagt der eine: »Mann, geht's mir schlecht!« Fragt der andere: »Was hast du denn?« – »Ich glaube, ich hab Menschen.« Beruhigt ihn der andere: »Halb so schlimm, das geht vorüber!«

Der Lehrer: »Ich bitte um zwei Sekunden Aufmerksamkeit! Melanie will ihren Aufsatz vorlesen!«

Theo klingelt beim Nachbarn: »Sagen Sie, könnte ich wohl meinen Pfeil wiederhaben?« – »Aber ja, wo steckt er denn?« – »In Ihrer Katze.«

Die Mutter bittet Peter: »Zünde doch bitte den Weihnachtsbaum an!« Kurze Zeit später kommt Peter angelaufen und fragt: »Die Kerzen auch?«

Ein Bauer fragt den anderen: »Sag mal, rauchen deine Kühe?« – »Quatsch, natürlich rauchen meine Kühe nicht.« – »Ich glaube, dann brennt dein Stall.«

An der Tür von Frau Müller klingelt es. Sie öffnet und draußen steht ein Polizist. Der fragt: »Sind Sie die Witwe Müller?« – »Ich bin schon die Frau Müller, aber keine Witwe!« – »Wollen wir wetten?«

Herr und Frau Meier fahren zum ersten Mal gemeinsam mit ihrem neuen Auto los. An der Kreuzung schaut Herr Meier nach links und fragt: »Kommt rechts ein Auto?« – »Nein!« Herr Meier fährt los. »Nur so ein komischer Tankwagen«, hört er seine Frau noch rufen.

Ein sehr altes Ehepaar, beide schon über hundert, gehen zum Anwalt und wollen sich scheiden lassen. »Was? In Ihrem Alter noch?« – »Na ja, wir können uns schon seit Jahrzehnten nicht mehr ausstehen!« – »Aber warum haben Sie dann so lange gewartet?« – »Wir wollten warten, bis die Kinder gestorben sind.«

Der Zoobesucher am Eisbärengehege fragt den Tierpfleger: »Sagen Sie, was fressen eigentlich Eisbären?« Der Tierpfleger: »Das kann ich Ihnen zeigen. Beugen Sie sich ein wenig über die Brüstung, noch ein wenig, ja, noch ein Stückchen …« Und zum Eisbären ruft er hinunter: »So, für heute muss das aber reichen!«

Lena hat eine kleine Schildkröte geschenkt bekommen. Mit der spielt sie und geht nach einer Weile zu ihrer Mutter. »Du, Mama, kannst du mir den Büchsenöffner geben, ich will mein Haustier streicheln.«

Was sagt ein Hai, nachdem er einen Surfer gefressen hat?
– »Nett serviert, so mit Frühstücksbrettchen!«

Wie bringt man einen Hund zum Miauen?
– Einfrieren und mit der Kettensäge durchsägen: Miiiaaauuu!

Wie bekommt man eine Katze dazu, »Wuff« zu sagen? – Benzin drüber, anzünden und: Wuff!

Ein Missionar in Afrika wird von einem Rudel Löwen umzingelt. Er spricht ein Gebet: »Lieber Gott, mach gute Christen aus diesen wilden Löwen!« Da bleiben die Löwen stehen und knien nieder. Der Missionar ist erleichtert. Aber dann hört er, wie die Löwen beten: »Komm, Herr Jesus, sei unser Gast und segne, was du uns bescheret hast!«

Fragt der Feldwebel den Soldaten: »Müller, wie kann man Ihr Gehirn auf die Größe einer Erbse kriegen?« – »Keine Ahnung, Herr Feldwebel!« – »Aufblasen, Müller, aufblasen!«

Kommt der Fuchs am frühen Morgen in den Hühnerstall und ruft: »Na, Mädels, jetzt aber mal raus aus den Federn!«

Zwei Freunde öffnen eine Büchse mit Sardinen. Meint der eine: »Furchtbar, diese Umweltverschmutzung.« – »Stimmt«, bestätigt der andere, »alles voller Öl und alle Fische sind tot.«

ES BLEIBT IN DER FAMILIE

Über die Familie lassen sich Millionen Witze machen. Jeder bekommt da so seine Rolle zugewiesen: Mama sorgt für Ordnung, Papa hält sich raus, die kleine Schwester ist doof, die Tante ist geizig, Opa ein wenig vergesslich und findet seine Zähne nicht. In Familienwitzen kommt vor, was jedem schon einmal auf die Nerven gegangen ist. Aber wer möchte schon ganz alleine sein?

Kommt ein Polizist in einer verlassenen Gegend an einen Bauernhof. In der Einfahrt sitzt ein Junge auf dem Tor. Fragt der Polizist: »Ist dein Papa da, den würde ich gerne sprechen!« – »Nein, der ist vom Trecker überfahren.« – »Und könnte ich denn dann mal mit deiner Mutter sprechen?« – »Nein, die ist vom Trecker überfahren.« Der Poli-

zist ist leicht beunruhigt: »Sind denn wenigstens deine Oma und dein Opa da?« – »Nein, die sind auch vom Trecker überfahren.« Mitfühlend meint der Polizist: »Na, und was machst du hier so alleine den ganzen Tag?« Antwort: »Trecker fahren!«

Linda beschwert sich bei ihrer neuen Freundin Angelika: »Ich finde das total ungerecht. Immer muss ich die Klamotten von meinen vier großen Geschwistern anziehen.« – »Aber das ist doch gar nicht so schlimm«, meint die Freundin. »Finde ich aber doch, ich bin schließlich das einzige Mädchen.«

Die Mutter liest aus der Zeitung vor: »Hier steht, dass in der Küche die allermeisten Unfälle im Haushalt passieren.« Darauf der Sohn: »Na toll, und wir müssen die dann immer essen!«

Anton beschwert sich bei Opa: »Das Brot kann ich nicht essen, das ist ja steinhart!« – »Als ich in deinem Alter war, hätte ich mich über dieses Brot gefreut«, entgegnet der Opa. »Klar, da war es ja auch noch frisch.«

Familie Meier hat im Restaurant gegessen. Auf dem Heimweg beschwert sich der Vater. »Das war ja ein jämmerlicher Fraß heute.« – »Stimmt«, bemerkt der Sohn, »da hätten wir genauso gut zu Hause essen können.«

Oma fragt: »Betet ihr denn auch immer vor dem Essen?« – »Nein, Mama kocht eigentlich immer ganz gut.«

Herr Borges fragt seine Tochter beim Eisessen: »Sag mal, würdest du dich freuen, wenn du ein Geschwisterchen bekommst?« – »Ach, nicht nötig, Papa. Noch werde ich mit euch ganz gut alleine fertig.«

Matze rast mit seinem Dreirad ohne Ende durchs Zimmer. Die Mutter regt sich furchtbar auf: »Mensch, du solltest schon längst im Bett liegen!« – »Geht nicht, ich finde einfach keinen Parkplatz!«

Am ersten Tag nach den Schulferien kommt Leo total sauer nach Hause. Papa fragt: »Was ist denn los?« – »Ach, der Neue in der Klasse hat gesagt, dass ich dir total ähnlich sehe!« Der Papa fragt ganz stolz: »Und was hast du dann gesagt?« Darauf Leo: »Na nix, der Junge ist ja viel stärker als ich!«

Opa zu Lars: »Ich habe hier ein blitzeblankes Zwei-Euro-Stück für dich.« – »Ach, Opa, ich hätte auch einen zerknitterten Zehn-Euro-Schein genommen.«

Julia und ihre Mama haben es sich mit einem Tee und Keksen gemütlich gemacht. Sie erzählen sich ein wenig. Da fragt Julia plötzlich: »Mama, wie lange bist du schon mit Papa verheiratet?« – »Zehn Jahre, Julia!« – »Und wie lange musst du noch?«

Papa hat wieder aus dem großen Märchenbuch vorgelesen. Leise öffnet die Mutter die Tür und flüstert: »Ist er endlich eingeschlafen?« – »Ja, das wurde aber auch Zeit!«, antwortet der Sohn.

Lena schaut sich mit ihrer Mama alte Fotos an. Da fragt Lena: »Wer ist denn eigentlich der hübsche junge Mann mit den dichten langen Haaren auf dem Foto?« – »Aber das ist doch dein Papa!«, antwortet die Mama. »Ja und wer ist dann der dicke Mann mit Glatze, der bei uns wohnt?«

Bastian kommt mit einem blauen Auge und zerrissener Jacke nach Hause. Jammert seine Mutter entsetzt: »Mein kleiner Schnuckiputz, wer hat das denn gemacht?« – »Ich habe mich mit ein paar Jungs aus meiner Klasse geprügelt, die immer sagen: »Da kommt ja Muttis kleiner Schnuckiputz!«

Die Geschwister haben sich furchtbar heftig gezankt und jetzt schmollen alle beide. Stumm liegen sie in ihren Betten. Lisa hält es nicht mehr aus: »Mike, bist du noch wach?« – »Sag ich dir nicht!«, kommt es giftig zurück.

Der kleine Anton quengelt unentwegt: »Ich will auf einem Esel reiten, ich will auf einem Esel reiten!« Der Mutter wird es langsam zu bunt und völlig entnervt sagt sie zum Vater: »Nun nimm den Kleinen doch endlich auf die Schultern!«

Tobias hat im Keller den alten Laufstall entdeckt. Er stürmt zu seiner Mutter hoch in die Wohnung und ruft:

»Mama, wir bekommen bald ein Baby!« Erstaunt fragt die Mutter: »Wie kommst du denn darauf?« – »Na ja, im Keller steht doch schon die Falle!«

Die Mutter legt Karins kleine Schwester auf die Waage. »Mama, warum machst du das? Willst du sie schon wieder verkaufen?«

»Lisa fragt ihre Tante: »Sag mal, warum hast du eigentlich keine Kinder?« – »Na ja, der Klapperstorch hat mir noch keine gebracht.« – »Dann ist mir alles klar, das wird nichts, solange du noch an die Geschichte vom Klapperstorch glaubst.«

Lena ruft bei ihrer Tante an: »Tante Ruth, ich wollte mich für das Geburtstagsgeschenk bedanken!« – »Aber das wäre doch nicht nötig gewesen, war ja kaum der Rede wert!« – »Das habe ich auch gesagt, aber Mama wollte, dass ich mich trotzdem bedanke.«

Der Opa liegt schnarchend auf dem Sofa. Finn geht zu ihm und dreht wie wild an seinen Westenknöpfen. Die Mutter sagt: »Nun lass Opa doch in Ruhe schlafen!« – »Tu ich doch, ich will ihn nur etwas leiser stellen.«

Sagt der Vater zu seiner Tochter Sara: »Als ich Kind war, habe ich nie gelogen!« Schaut ihn Sara nachdenklich an und fragt: »Und wann hast du dann damit angefangen?«

Herr Jäger liest seiner Frau aus der Zeitung vor: »Die meisten berühmten Männer hatten unbedeutende Väter.« Meint seine Frau: »Gut zu wissen, dann hat unser Sohn ja noch eine Chance!«

Der kleine Max hat gerade ein Schwesterchen bekommen. Er schaut sich das Baby an und fragt seine Mutter ein wenig enttäuscht: »Die hat ja keine Zähne und überhaupt keine Haare!« – »Das kommt noch!«, erklärt die Mutter. »Verstehe«, sagt Max, »die werden nachgeliefert.«

Eva schaut immer sehr aufmerksam zu, wenn ihre Mutter den kleinen Bruder wickelt. Einmal vergisst die Mutter, den Kleinen zu pudern. »Mama, du hast vergessen ihn zu salzen!«, ruft Eva.

Der Opa ist zu Besuch und fragt seinen Enkel: »Na, Peter, wie geht's denn so?« – »Ganz gut, Opa, nur mit deinem Sohn habe ich manchmal Ärger!«

Mona schreibt einen Brief an ihre kleine Schwester: »Liebe Annabel, ich schreibe ganz langsam, weil ich weiß, dass du noch nicht so schnell lesen kannst …«

Jeden Abend dasselbe! Marie kommt mit pitschnassen Haaren ins Wohnzimmer, um ihrer Mutter einen Gutenachtkuss zu geben. Schimpft die Mutter: »Wie oft soll ich dir noch sagen, dass du dem Goldfisch keinen Gutenachtkuss geben sollst!«

Lilli beschwert sich bei ihrer Freundin: »Das verstehe, wer will. Erst haben mir meine Eltern das Sprechen beigebracht und nun soll ich immer den Mund halten.«

Die Tochter will auf eine Geburtstagsfeier. Sagt der Vater zum Abschied: »Sei schön brav und amüsiere dich gut!« Darauf die Tochter: »Ja was denn nun?«

Jan ist übers Wochenende bei der Oma. Er kommt vom Spielen total verdreckt nach Hause. Sagt die Oma: »Jan, du bist ja ganz schön schmutzig, da muss ich dich wohl baden.« Meint Jan: »Und du bist ganz schön faltig, da muss ich dich wohl bügeln!«

Thomas fährt seine kleine Schwester im Kinderwagen herum. Eine ältere Dame fragt ihn, ob er denn seine kleine Schwester auch verkaufen würde. »Nein«, schüttelt er den Kopf, »vor zwölf Monaten hätten Sie das Baby noch kaufen können, aber jetzt haben wir schon viel zu viel fürs Essen ausgegeben.«

Jakob und Fred unterhalten sich auf dem Spielplatz über ihre Familie. »Und wie alt ist dein Opa?« Antwort: »Keine Ahnung, den haben wir schon ewig.«

Theo ist verzweifelt. Er klagt seinem Kumpel sein Leid. »Jetzt habe ich Papa mal zum Angeln begleitet und alles habe ich falsch gemacht. Zu laut war ich, die falschen Köder habe ich genommen, zu viel mit der Angel rumgefuchtelt und dann auch noch doppelt so viel gefangen wie er!«

Lukas kommt aus der Schule nach Hause und berichtet seiner Mutter: »Du, ich bin heute in der Schule geimpft worden.« Fragt die Mutter: »Aber wogegen denn?« Darauf Lukas: »Gegen meinen Willen.«

Die Tante fragt Cora: »Wieso heult denn dein Bruder so jämmerlich?« – »Ach, der heult, weil ich ihm geholfen habe.« – »Wie? Der heult, weil du ihm geholfen hast, das kann doch gar nicht sein!« Meint Cora: »Doch. Ich habe ihm geholfen die Kekse zu essen, die du ihm mitgebracht hast.«

Stolz berichtet Anne: »Wir spielen mit der Theatergruppe das Stück ›Die Schöne und das Biest‹ und ich habe die Hauptrolle bekommen!« – »Wirklich? Das ist ja aufregend! Und wer spielt die Schöne?«, fragt grinsend ihr Bruder.

Frau Meier steht am Fenster, dreht sich zu ihrem Mann herum und sagt leicht vorwurfsvoll: »Der Herr Möller von gegenüber gibt seiner Frau morgens zum Abschied einen Kuss! Warum machst du das eigentlich nie?« – »Mein Gott, warum soll ich die Frau Möller küssen, ich kenne die Frau doch kaum!«

Fred hat im Schwimmbad drei Eis geholt und geht damit zum Liegeplatz, wo die Eltern auf ihn warten. Da fällt ihm ein Eis auf den Boden. »Wie schade«, sagt er traurig, »jetzt habe ich dein Eis fallen lassen, Papa!«

Zwei Männer sitzen nebeneinander im Wartezimmer der Geburtsstation. Das Warten zieht sich hin. Endlich kommt eine Schwester auf den einen zu und sagt: »Herzlichen Glückwunsch. Sie haben ein gesundes kleines Mädchen!« Da beschwert sich der andere: »Unerhört, schließlich war ich zuerst da!«

ALLTÄGLICHE WITZE

Neben Arbeit, Sport und Schule bleibt immer noch ein wenig Raum, um Menschen in alltäglichen Situationen zu begegnen, sie auf der Straße zu treffen, beim Einkauf oder in der Straßenbahn. Und wo Menschen sind, da geschieht auch etwas, worüber man einen Witz machen kann.

Der Nachbar spritzt seinen Smart mit dem Gartenschlauch ab, als der kleine Fred vorbeikommt. Der schaut sich das eine Weile an und sagt dann: »Ich glaube, das bringt nichts. Den können Sie gießen so viel Sie wollen, größer wird der nicht.«

Ein Mann geht in den Garten, schaut auf das Dach seines Hauses und bemerkt, dass einige Dachziegel fehlen. Er geht ins Haus und merkt, dass einige Tassen verschwunden sind. Aufgeregt ruft er bei der Polizei an: »Kommen Sie schnell, ich habe einen Dachschaden und nicht mehr alle Tassen im Schrank!«

Zwei Freunde gehen aus der Schule nach Hause. Fragt der eine: »Wo hast du denn deine neue Uhr gelassen?« – »Och, die geht immer vor. Die ist bestimmt schon zu Hause!«

Lilli und ihre Mutter gehen durch die Stadt. Da fragt Lilli: »Mama, kannst du mir 2 Euro geben für einen alten Mann?« Die Mutter: »Natürlich, das finde ich gut, wenn du einem alten Mann helfen willst. Wo ist der denn?« – »Och, der steht vor der Schule und verkauft Eis!«

Charly hat ein kleines Brüderchen bekommen. Sein Freund fragt ihn, wem das Baby denn ähnlich ist. Meint

Charly: »Also, die Augen hat es von der Mama, die Ohren vom Papa und die Stimme vom Rettungswagen.«

Alphons geht mit seiner Oma spazieren. Auf dem Gehweg liegt ein 10-Euro-Schein. Da sagt die Oma: »Was auf dem Boden liegt, darf man nicht aufheben!« Eine Ecke weiter liegt wieder ein 10-Euro-Schein auf der Straße. Die Oma sagt wieder: »Was auf dem Boden liegt, darf man nicht aufheben!« Plötzlich rutscht sie aus und liegt auf dem Bürgersteig und mault Alphons an: »Nun hilf mir doch mal aufzustehen!« Antwortet Alphons: »Aber Oma, ich denk du hast gesagt, was auf dem Boden liegt, soll man nicht aufheben?«

Eine ältere Frau steigt in den Bus. Alle Plätze sind belegt. Da geht die Frau zu Johann. »Möchtest du bitte aufstehen!« – »Nö«, sagt Johann. »Den Trick kenne ich. Ich steh auf und Sie setzen sich auf meinen Platz!«

Anton hat einen schlimmen Husten und muss zum Arzt. »Dein Husten hört sich ja schon viel besser an«, meint der Doktor. »Kein Wunder, ich habe ja auch die ganze Nacht schwer geübt!«

Herr Hintze will sich einen neuen Rasierapparat kaufen. Sagt der Verkäufer: »Mit diesem Apparat haben schon dutzende meiner Kunden gute Erfahrungen gemacht!« Herr Hintze überlegt ein wenig und sagt dann: »Wenn ich es recht bedenke, dann hätte ich doch lieber einen neuen!«

Die Verkäuferin fragt den kleinen Fabian ein wenig erstaunt: »Fabian, und bist du dir da ganz sicher, dass du für deine Mutter drei Kilo Gummibärchen und einhundert Gramm Kartoffeln einkaufen sollst?«

Draußen auf der Treppe poltert und scheppert es gewaltig, dann ist ein lauter Schrei und heftiges Fluchen zu hören. Finn ist begeistert: »Mama, hast du das gehört? Ich glaube, Papa hat meine Rollschuhe wiedergefunden!«

Im Möbelhaus wird der kleine Bruno von einem Betreuer gefragt: »Na Bruno, gehst du denn auch schon in den Kindergarten?« Darauf antwortet Bruno: »Nein, ich arbeite zu Hause!«

Ein Mann rennt verzweifelt hechelnd hinter einem Bus her. Eine Frau am Straßenrand ruft ihm zu: »Den kriegen Sie nicht mehr!« – »Aber ich muss«, keucht der Mann. »Ich bin der Fahrer!«

»Papa, wie kommt es eigentlich, dass jeden Tag genauso viel passiert, wie in die Zeitung hineinpasst?«

Fragt der Fahrlehrer: »Welches Teil am Auto ist für Fußgänger am gefährlichsten?« Antwort des Prüflings: »Der Fahrer.«

»Sag mal, hast du die ganzen Fische allein gefangen?« – »Ehrlich gesagt, nein«, antwortet der Angler. »Ich habe da immer einen kleinen Wurm, der mir dabei hilft!«

Fragt der Kellner den Gast: »Haben Sie sich gerade das Rauchen abgewöhnt?« – »Ja, stimmt, woran haben Sie das gemerkt?« – »Daran, dass Sie immer die Kekse im Aschenbecher ausdrücken!«

Weil der Aufzug kaputt ist, muss Familie Meier die Einkäufe bis in den 16. Stock tragen. Um sich die Zeit zu vertreiben, erzählen sie sich unterwegs ein paar Witze. Als sie fast angekommen sind, sagt Frau Meier: »Jetzt fällt mir auch kein Witz mehr ein!« Antwortet Herr Meier: »Mir schon, ich habe den Wohnungsschlüssel im Auto vergessen.«

»Warum wimmern Sie denn so?«, fragt der Zahnarzt. »Ich habe doch noch gar nicht angefangen!« – »Wohl wahr, aber Sie stehen auf meinen Zehen!«, antwortet der Patient.

Der Linienbus ist gegen einen Baum gefahren. Der Polizist will wissen, wie es zu dem Unfall kommen konnte. »Wie genau kam es denn zum Aufprall?«, fragt er den Busfahrer. Darauf der Busfahrer: »Keine Ahnung, ich habe hinten kassiert, als es passiert ist.«

»Entschuldigen Sie, haben Sie noch Karten für das Konzert in der kommenden Woche?« – »Tut mir leid, alles ausverkauft, bis auf den letzten Platz.« – »Kein Problem, den nehme ich dann!«

»Mama, schau mal, der Mann isst seine Suppe mit der Gabel.« – »Nicht so laut, Franz!« – »Mama, sieh mal, jetzt trinkt er aus der Blumenvase.« – »Psst, sei doch still!« – »Aber Mama, guck mal, jetzt isst er seinen Bier-deckel auf!« – »Jetzt ist aber wirklich Schluss, gib ihm endlich seine Brille zurück!«

Das Telefon klingelt und der kleine Max geht ran und fragt: »Wer ist da bitte?« – »Hier spricht der Chef von deinem Vater!« Meint Max: »Verstehe. Aber welcher Chef genau? Der Esel, das Rindvieh oder das Schwein?«

Georg fragt seine Mutter: »Du, Mama, gibt es bald Mit-tagessen?« Antwortet die Mutter: »Nein, es ist doch erst 11 Uhr.« Darauf Georg: » Mist, dann geht mein Magen wohl eine Stunde vor!«

Die Mutter zu ihrer Tochter: »Sag mal, was soll das? Ich mache heute Morgen den Kühlschrank auf und was fin-de ich? Deinen Teddy!« Meint die Tochter: »Aber Ma-ma, ich hätte so gerne einen Eisbär!«

Greta hat zum ersten Mal gekocht. Nur ihr Bruder meckert an der Suppe herum. »Die ist ja total versalzen!« Greta meint: »Ich habe gelesen, dass ein Mensch zwei Kilo Salz im Jahr essen soll.« Meint der Bruder: »Stimmt vielleicht, aber doch nicht auf einmal, oder?«

Im dichten Nebel fährt ein Auto sehr dicht hinter einem anderen her. Es klebt fast an der Stoßstange des Vordermanns. Der bremst plötzlich und der hintere Wagen fährt auf ihn drauf. Wütend brüllt der Hintermann: »Wieso bremsen Sie denn so idiotisch?« Antwortet der andere: »Und was haben Sie in meiner Garage zu suchen?«

In der Gemäldeausstellung ›Alte Meister‹ im städtischen Museum arbeitet ein neuer Wächter. Am Ende des ersten Arbeitstages fragt ihn der Direktor: »Na, junger Mann, wie ist es gelaufen?« – »Super, Herr Direktor, ich habe doch glatt zwei von den alten Schinken verkauft bekommen.«

Kommt der empörte Kunde zurück in den Elektrolaaden: »Sie haben mir doch erklärt, dass ich mit diesem Radio alle Sender empfangen kann?« – »Ja, und klappt das nicht?« – »Doch schon, aber immer alle auf einmal!«

Bei der Anwaltskanzlei Huber & Huber & Huber ruft ein Kunde an: »Ich möchte gern Herrn Huber sprechen. »Der ist leider verreist!« – »Na, dann geben Sie mir doch bitte den anderen Herrn Huber!« – »Der hat heute einen wichtigen Termin vor Gericht!« Leicht genervt sagt der Kunde: »Na, dann geben Sie mir doch bitte den dritten Herrn Huber!« – »Am Apparat!«

Der Fakir kommt in die Eisenwarenhandlung und verlangt 5000 Nägel. Der Verkäufer wundert sich: »Wozu brauchen Sie denn gleich tausende von Nägeln?« Fakir: »Ach wissen Sie, meine Frau will die Betten der ganzen Familie neu beziehen!«

Der Sturm war wirklich heftig und hat viele Schäden hinterlassen. Fragt der eine Nachbar den anderen: »Sag mal, ist bei dir am Dach auch so viel kaputt?« Darauf erwidert der andere: »Keine Ahnung, ich hab's noch nicht wieder gefunden!«

»Nun sei doch nicht immer so unkonzentriert!«, schimpft der Geselle mit dem Tischlerlehrling. »Dass man bei der Arbeit an der Kreissäge aufpassen muss, das kannst du dir doch an deinen acht Fingern abzählen!«

Fragt ein Saurierkind seine Mutter: »Wenn ich einmal sterbe, komme ich dann auch in den Himmel?« Darauf meint die Mutter lächelnd: »Aber nein, mein Kind, du kommst in ein Museum!«

Ein Zirkus sucht neue Künstler. Bei den Leuten, die sich vorstellen, ist nichts Besonderes dabei. Der Zirkusdirektor ruft: »Der Nächste bitte!« Ein junger Mann kommt herein. »Was ist denn Ihre Spezialität?«, fragt der müde

Direktor. »Ich kann Vögel nachmachen.« Der Zirkusdirektor antwortet nur: »Das ist nichts, Vögel nachmachen ist doch langweilig!« – »Wie Sie meinen!«, sagt der junge Mann, breitet die Arme aus und fliegt davon.

Frau Moser hat bei einem Vertreter an der Haustür einen Staubsauger gekauft. Der Vertreter bietet ihr an: »Ich kann Ihren alten auch in Zahlung nehmen.« Darauf Frau Moser: »Nein, auf keinen Fall, mein Mann bleibt hier!«

»Wo liegt eigentlich Afrika?«, fragt ein Junge. »Weiß ich nicht genau, aber weit kann es nicht sein, bei uns arbeitet ein Afrikaner und der geht über Mittag immer nach Hause.«

WER VERREIST, DER KANN WAS ERLEBEN

Man sagt ja: »Wenn jemand eine Reise tut, so kann er was erzählen.« Anders gesagt: Reisen bildet. Jedenfalls geschieht eine Menge Ungewohntes, wenn man sich mit dem Auto, dem Zug oder dem Flugzeug in die Ferne begibt. Andere Länder – andere Sitten, Missverständnisse jeder Art und tödliche Gefahren können im Urlaub lauern. Und wenn man zurückkommt, dann ist man vielleicht nicht erholt, aber doch ein wenig schlauer. Unter Umständen.

Die Familie sitzt mitten im Stau in ihrem Auto auf dem Weg in den Urlaub. Plötzlich schreit die Mutter: »Ich glaube, ich habe vergessen, das Bügeleisen auszustellen. Unser Haus wird abbrennen!« – »Keine Bange«, entgegnet der Vater, »es kann nichts passieren, ich habe vergessen, den Wasserhahn zuzudrehen!«

Felix verreist mit seiner Tante. Die ist unglaublich ängstlich. Kaum sitzen sie im Flugzeug, fragt die Tante die Stewardess: »Sagen Sie bitte, stürzt so ein Flugzeug öfter ab?« – »Meistens nur einmal!«, sagt beruhigend die Stewardess.

Das Kreuzfahrtschiff ist gesunken. Die Überlebenden schwimmen im Meer. Da fragt einer den Kapitän, der neben ihm schwimmt: »Sagen Sie, wie weit ist es noch, bis wir auf Land treffen?« – »500 Meter.« – »In welche Richtung?« – »Nach unten«, antwortet der Kapitän.

Familie Schmidt ist zum ersten Mal an der Nordsee. Sie gehen auf den Deich und gerade ist Ebbe. »So ein Pech, jetzt fahren wir extra die weite Strecke und das Meer haut ab!«

Frau Meyer schimpft mit ihrem Sohn: »Jeder Urlaubstag kostet hier 200 Euro und du hast nichts Besseres zu tun, als ein Buch zu lesen!«

Die Familie macht Ferien auf dem Bauernhof. Der Bauer fragt die kleine Mina: »Möchtest du wissen, wie ein Kälbchen zur Welt kommt?« – »Ja klar!« Darauf erklärt der Bauer: »Also, als erstes sind die Vorderbeine draußen, dann kommen Kopf und Schultern, danach der Körper und ganz am Ende kommen die Hinterbeine.« Mina fragt erstaunt: »Und wer baut dann daraus das Kälbchen zusammen?«

Die Familie macht Urlaub auf dem Land. Frau Schmidt öffnet am Morgen das Fenster und ruft ganz verzückt: »Ist das nicht herrlich, die saubere Luft, die weite Sicht, kein Lärm und keine Abgase!« Antwortet der Vater: »Ich verstehe einfach nicht, warum sie die Städte nicht hier draußen bauen!«

Theo macht mit seiner Familie Urlaub in Afrika. Bevor Theo ins Wasser darf, erkundigt sich der Vater bei einem Einheimischen: »Sagen Sie, gibt es hier Haifische?« – »Nein, Sir«, antwortet der Einheimische. So schwimmt die Familie vergnügt durch die Wellen. Später sagt der Vater zu dem Einheimischen: »Eigentlich seltsam, dass es hier keine Haie gibt.« – »Ach, die kommen nicht in die Bucht. Sie haben viel zu viel Angst vor den Krokodilen.«

»Sie glauben wohl, nur weil ich vom Dorf komme, können Sie mir ein so kleines, dunkles Zimmer andrehen?«, schimpft Frau Meier im Großstadthotel. Der Page beruhigt sie: »Aber liebe Frau, keine Angst, das hier ist nur der Fahrstuhl!«

Fragt der Fahrgast den Schaffner im Bahnhof: »Wie lange hält dieser Zug?« – »Wenn man ihn gut pflegt ca. 20 Jahre!«

Familie Meier fährt in einem offenen Geländewagen durch die Wüste. Kommen zwei Löwen vorbei. Sagt der eine zu seinem Kumpel: »Super! Essen auf Rädern!«

Familie Schmidtke fährt nach Italien. In den Alpen werden sie von der Polizei angehalten. Der Polizist fragt: »Sagen Sie, was ist mit Ihren Rücklichtern los?« Herr Schmidtke steigt aus, geht um den Wagen herum und wird käseweiß. »Und, was ist denn nun mit Ihren Rücklichtern?«, fragt noch einmal der Polizist. »Was interessieren mich die blöden Rücklichter? Wo zum Teufel ist mein Wohnwagen?!«

Frau Müller macht ihre erste Kreuzfahrt. Der Steward klopft, tritt ein und fragt, ob alles zu ihrer Zufriedenheit ist. Frau Müller antwortet: »Alles super!« Sie deutet auf das Bullauge und fügt hinzu: »Und dieser Wandschrank, wirklich fantastisch, was da alles reingeht!«

Der Pilot im Landeanflug will einen Scherz machen und gibt an den Tower durch: »Ratet mal, wer hier kommt!« Der Fluglotse schaltet daraufhin die Lichter der Landebahn ab und funkt zurück: »Rate mal, wo wir sind!«

Holger fliegt zum ersten Mal mit dem Flugzeug in den Urlaub. Nach einer Weile fällt ihm auf, dass er unbedingt auf die Toilette muss und sagt zu seiner Mama: »Du, ich muss mal, meinst du, der Pilot könnte mal kurz anhalten?«

Der Beduinenjunge kommt nach den Ferien in sein Dorf in der Wüste zurück. Dort wird er gefragt: »Wie waren denn die Ferien in England?« Antwortet er: »Einfach super, das Wetter war wunderbar, es hat die ganze Zeit geregnet!«

Fragt der geizige Urlauber den Kofferträger: »Sagen Sie, trinken Sie?« Der Kofferträger verneint das entrüstet: »Aber nein, niemals!« Der Gast daraufhin: »Pech für Sie, sonst hätte ich Ihnen ein gutes Trinkgeld gegeben.«

Mitten in der Wüste fragt der Fahrer eines Jeeps einen Einheimischen: »Wie komme ich denn ins nächste Dorf?« Der Einheimische zeigt ihm die Richtung und sagt: »Immer geradeaus und nächste Woche um diese Zeit biegen Sie links ab!«

Der kleine Alexander ist zum ersten Mal am Meer. Als er einen Dampfer am Horizont vorbeifahren sieht, zeigt er ganz aufgeregt darauf und sagt: »Sieh mal, Papa, da badet eine Lokomotive!«

Familie Berger sitzt im Fischlokal. Beschwert sich der Vater beim Kellner: »Also dieser Fisch ist garantiert nicht frisch!« – »Das kann nicht sein, der ist heute Morgen von der Nordsee gekommen!« Der Vater grummelt: »Na ja, vielleicht, dann aber bestimmt zu Fuß!«

Völlig außer Atem rennt ein Mann zum Bootssteg, wirft hektisch seinen Koffer auf die zwei Meter vom Kai entfernte Fähre, springt hinterher und zieht sich mühsam über die Reling an Bord. »Geschafft!« – »Tolle Leistung«, sagt einer der Matrosen zu ihm. »Aber warum haben Sie nicht gewartet, bis wir angelegt haben?«

Teresa wird von ihren Eltern mal wieder durch ein Museum geschleift. Nach endlosen Gängen und Treppen muss sie sich ein wenig ausruhen und lässt sich erschöpft auf einen Sessel fallen. Da kommt ein Museumswärter herangeeilt und sagt: »Da darfst du nicht sitzen. Das ist der Sessel von Ludwig dem Dritten.« – »Ach, macht nichts«, meint Teresa, »wenn er kommt, dann steh ich gleich auf!«

Jan hat sich in der neuen Klasse schnell mit Luca angefreundet. Als die beiden zusammen in die Stadt gehen, stellt Jan erstaunt fest: »Mensch, Luca, dich kennt ja fast jeder!« Als sie eine Klassenfahrt nach Köln machen, grüßen die Leute auf der Straße Luca freundlich. Jan kann es nicht fassen: »Hier kennen sie dich auch!« In den Sommerferien begleitet Luca Jan und seine Familie nach Rom. Sie besuchen den Petersplatz, wo der Papst gerade eine Rede vom Balkon aus hält. Luca meint: »Den Papst kenne ich, ich sage mal eben guten Tag!« Und tatsächlich, kurze Zeit später steht Luca neben dem Papst auf dem Balkon. Jan kann es nicht fassen. Da stupst ihn eine Frau neben ihm an und fragt: »Wer ist eigentlich der Kerl auf dem Balkon, ich meine der Mann neben Luca?«

Ein Paar beim Schalter am Flughafen: »Du Schatz, wir hätten doch die Flurkommode mit in den Urlaub nehmen sollen!« Der Mann antwortet verdutzt: »Die Flurkommode? Wieso das denn?« – »Weil die Flugtickets oben drauf liegen!«

Zwei Touristen haben am Nil in der Nähe des Flusses ihr Lager aufgeschlagen. Mitten in der Nacht schreit der eine plötzlich laut: »Oh weh, mir hat ein Krokodil ein Bein abgebissen!« Fragt der andere: »Welches denn?« – »Das weiß ich doch nicht, die sehen doch alle gleich aus!«

OSTFRIESENWITZE

Bei Ostfriesenwitzen geht man davon aus, dass alle Ostfriesen ein bisschen doof sind. Solche Witze über eine gewisse Bevölkerungsgruppe gibt es in fast jedem Land. Die Franzosen machen ähnliche Witze über die Bretonen, die Engländer über die Schotten und die Spanier über die Basken. Warum ausgerechnet immer über diejenigen, die im Norden des jeweiligen Landes leben, das weiß allerdings kein Mensch.

Witzig an den Ostfriesenwitzen ist zumindest, dass es ausgerechnet zwei ostfriesische Komiker waren, die diese Witze so richtig bekannt gemacht haben: Otto Waalkes und Karl Dall.

Warum machen die Ostfriesen ihren Joghurt schon im Supermarkt auf? – Weil draufsteht: »Hier öffnen!«

Wie viele Leute brauchen Ostfriesen, um eine Kuh zu melken?

– 21! Einer hält die Zitzen und die anderen 20 heben die Kuh auf und ab.

Was machen die Ostfriesen wenn sie einen Stromausfall haben?

– Dann gehen sie an den Strand und holen sich ein paar Kilo Watt.

Ein Ostfriese lehnt an einer Mauer. Die Mauer fällt um. Warum?

– Der Klügere gibt nach!

Warum sind ostfriesische Busse stets 9 Meter breit, aber nur 3 Meter lang?

– Weil immer alle vorne sitzen wollen.

Warum schauen die Ostfriesen im Herbst immer in die Lampen?
– Sie wollen nachsehen, ob die Birnen schon reif sind.

Warum findet man im Kühlschrank eines Ostfriesen auch immer eine leere Flasche?
– Falls er Besuch bekommt und der Gast nichts trinken will.

Warum streuen die Ostfriesen Pfeffer auf den Fernseher?
– Damit das Bild schärfer wird.

Was ist ein Skelett unter der Kellertreppe?
– Ein Ostfriese, der beim Versteckenspielen gewonnen hat!

Warum haben sich Ostfriesen noch nie über Ostfriesenwitze beschwert?
– Weil sie die Witze nicht verstehen.

Ein ostfriesischer Schäfer wird gefragt, wie viele Schafe in seiner Herde sind. Er sagt: »Genau 346!« – »Woher wissen Sie das so genau?«, fragt der Beobachter weiter. »Das ist ganz einfach!«, erklärt der Schäfer, »Abends zähle ich die Beine und teile dann durch vier!«

Warum haben Ostfriesen einen flachen Hinterkopf?
– Weil ihnen beim Trinken immer der WC-Deckel auf den Kopf fällt.

Warum halten Ostfriesen ihre Schafe in Käfigen auf Bäumen?
– Weil sie Baumwolle züchten wollen.

Warum nehmen Ostfriesen einen Zollstock mit ins Bett?
– Sie möchten messen, wie tief sie schlafen.

Warum sägen die Ostfriesen vor dem Schlafengehen die Bettbeine?
– Damit sie tiefer schlafen.

Ein Ostfriese kommt in eine Eisenwarenhandlung und beschwert sich: »Ich habe gestern diese Säge bei Ihnen gekauft. Mir wurde versprochen, dass man hiermit locker zwanzig Bäume am Tag fällen kann – ich habe aber nur einen geschafft!« Daraufhin startet der Verkäufer die Motorsäge. Der Ostfriese schaut verdutzt: »Nanu, was ist denn das für ein Geräusch?«

Warum nehmen ostfriesische Seeleute immer ein Messer mit auf See?
– Damit sie besser in See stechen können.

Warum hängen die Ostfriesen die Badezimmertür aus, wenn sie baden?
– Damit niemand durchs Schlüsselloch schauen kann.

Was erhält man, wenn man ein Blatt Papier in zwei Stücke teilt?
– Ein Puzzle für Ostfriesen.

Woran erkennt man einen ostfriesischen Piraten?
– An den zwei Augenklappen.

Die Kuh eines ostfriesischen Bauern ist krank. Besorgt fragt er seinen Nachbar: »Was hast du denn damals deiner Kuh gegeben, als sie so krank war?« – »Salmiak-Geist.« Gesagt, getan. Nach einer Woche besucht der Bauer seinen Nachbar. »Meine Kuh ist tot«, sagt er. Darauf dieser: »Ging mir genauso.«

Ein Ostfriese sieht zehn Meter vor sich auf dem Bürgersteig eine Bananenschale liegen. Denkt er sich: »Oje, gleich rutsche ich aus!«

Treffen sich zwei Ostfriesen an der Straßenbahnhaltestelle. »Mit welcher Linie fährst du denn?« – »Mit der Linie 1. Und du?« – »Ich muss Linie 3 nehmen.« Kommt der Zug mit der Nummer 13 rein. Sagen die Ostfriesen wie aus einem Munde: »Super, da können wir ja zusammen fahren!«

Kommt ein Ostfriese in den Musikladen, schaut sich kurz um und sagt dann: »Ich hätte gerne die rote Trompete und das weiße Akkordeon!« Antwortet der Verkäufer ein wenig mürrisch: »Tut mir leid, aber den Feuerlöscher und die Heizung kann ich Ihnen nun wirklich nicht verkaufen!«

HÄSCHENWITZE

Über die Entstehung der Häschenwitze gibt es keine gesicherten Angaben. Fest steht, dass Otto, ein ostfriesischer Komiker, die Witze während seiner Show zum ersten Mal im Fernsehen erzählt hat.

Das Häschen hat jedenfalls einen sehr, sehr seltsamen Sinn für Humor und eindeutig einen Sprachfehler. Manchmal ist es auch richtig bösartig, solche Witze wurden hier aber weggelassen.

Häschen trifft ein Kind auf der Straße. »Weidu, wie man dumme Kinder macht?« Antwortet das Kind: »Nein.« – »Muddu deinen Vater fragen!«

Häschen beim Kaufmann. Häschen fragt den Verkäufer: »Haddu Apfelsaft?« – »Ja, ich hab Apfelsaft.« – »Haddu Orangensaft?« – »Ja, hab ich.« – »Haddu auch Möhrensaft?« – »Ja, hab ich auch.« – »Na, dann haddu aber ganz großen Saftladen!«

Kommt das Häschen in ein Musikgeschäft und fragt den Verkäufer: »Haddu Platten?« Darauf der Verkäufer: »Ja!« Meint das Häschen: »Muddu aufpumpen.«

Kommt das Häschen in ein Geschäft: »Haddu saure Milch?« – »Nein, ich habe keine saure Milch.« Am nächsten und übernächsten Tag wieder: »Haddu saure Milch?« – »Nein, ich habe keine saure Milch.« Da beschließt der Verkäufer, für den nächsten Tag mal Milch fürs Häschen sauer werden zu lassen. Einige Tage später kommt das Häschen wieder: »Haddu saure Milch?« – »Ja, heute habe ich saure Milch!« – »Muddu wegschütten!«

Häschen kommt in ein Fitness-Studio und fragt einen Sportler: »Haddu Deo?« Der Sportler: »Klaro habe ich Deo.« Das Häschen: »Muddu anwenden!«

Häschen kommt in die Apotheke und fragt den Apotheker: »Haddu Möhrchen?« Der Apotheker: »Nein.« Am nächsten Morgen steht das Häschen wieder da: »Haddu Möhrchen?« Der Apotheker wieder: »Nein!« Am nächsten Tag hängt der kluge Apotheker ein Schild ins Schaufenster: »Möhrchen ausverkauft«. Wutentbrannt betritt das Häschen die Apotheke: »Haddu doch Möhrchen gehabt!«

Häschen kommt in die Apotheke und fragt den Apotheker: »Haddu Möhrchen?« Der Apotheker: »Nein.« Am nächsten Morgen steht das Häschen wieder da: »Haddu Möhrchen?« Der Apotheker wieder: »Nein!« Am dritten Tag antwortet der Apotheker: »Heute habe ich Möhrchen, frisch vom Markt.« – »Muddu essen, die sind gesund.«

Häschen ruft beim Metzger an: »Haddu Eisbein?« – »Klar habe ich Eisbein«, sagt der Metzger. »Haddu auch Schweinsohren?« – »Na, die habe ich auch.« – »Muddu aba komisch aussehen!«

Häschen fragt einen Schneemann: »Haddu Möhrchen?« – »Ja, mitten im Gesicht.« Häschen: »Muddu rausrücken, oder ich hol den Föhn!«

Kommt Häschen in ein Teppichgeschäft: »Haddu Läufer?« Antwortet der Verkäufer: »Ja, die haben wir.« – »Muddu zur Weltmeisterschaft schicken!«

Trifft Häschen einen Karpfen und fragt: »Haddu Schuppen?« Antwortet der Karpfen: »Ja, habe ich!« Darauf das Häschen: »Muddu Haare waschen!«

Häschen kommt zum Bäcker: »Haddu Bienenstich?« –
»Na klar!« Häschen: »Muddu Kühlsalbe draufmachen!«

Das Häschen kommt in die Bäckerei und fragt den Bäcker: »Haddu Möhrchen?« Der Bäcker antwortet: »Na
klar, willst du welche?« Murmelt das Häschen: »Du bist
gemein, haddu den Witz kaputt gemacht.«

DUMME FRAGEN

Man sagt ja, dass man auf dumme Fragen auch nur dumme Antworten bekommen kann. Dafür liefern die folgenden Scherzfragen und Antworten natürlich den schlagenden Beweis.

Was ist der Unterschied zwischen einem Pferd und einem Kaktus?

– Setz dich drauf, dann weißt du es.

DUMME FRAGEN

Auf welcher Weide kann keine Kuh grasen?
– Auf der Trauerweide.

Warum kann man aus Fensterglas keine Brille machen?
– Das ist viel zu groß und außerdem viereckig.

Woran erkennt man, dass ein Pferd im Kühlschrank war?
– An den Hufspuren in der Butter.

Was ist Wind?
– Luft, die es eilig hat.

Wenn der Kopf einer Kuh nach Norden zeigt, wohin zeigt dann der Schwanz?
– Nach unten.

Welchen Spiegel braucht man nicht zu putzen?
– Den Wasserspiegel.

Was wird aus Anna, wenn sie badet?
– Ananas.

Was ist der Unterschied zwischen einem Bäcker und einem Teppich?
– Der Bäcker muss um vier Uhr aufstehen, der Teppich darf liegen bleiben.

Welches Tier dreht sich nach seinem Tod noch mehrfach um die eigene Achse?
– Das Grillhähnchen.

Was ist ein Sattelschlepper?
– Ein Cowboy, der sein Pferd verloren hat.

DUMME FRAGEN

Was ergibt sieben und sieben und sieben?
– Ganz feinen Sand.

Warum trinkt die Maus keinen Schnaps?
– Sie hat Angst vor dem Kater.

Was ist ein Keks unter einem Baum?
– Ein schattiges Plätzchen.

Welche Tiere sind am lustigsten?
– Die Pferde, sie finden alles zum Wiehern.

Was ist schlimmer als ein Elefant im Porzellanladen?
– Zwei Elefanten im Porzellanladen.

In welchem Monat werden die meisten Kinder geboren?
– Im Neunten.

Was bestellt ein Kannibale im Restaurant?
– »Einen Ober bitte!«

Was hat eine Brille, kann aber nicht sehen?
– Das Klo.

Warum können Flusspferde nicht Fahrrad fahren?
– Ihnen passt kein Fahrradhelm.

Wie viele Beine hat ein Schwein?
– Insgesamt acht: Zwei vorne, zwei hinten, zwei links und zwei rechts.

DUMME FRAGEN

Warum trompeten Elefanten?
– Sie können nicht Klavier spielen.

Was sagt eine Spinne im Fundbüro?
– »Ich glaube, ich habe den Faden verloren.«

Was waren die letzten Worte des Vampirs?
– »Schöner Sonnenaufgang heute.«

Welches Tier hat nur ein Bein?
– Das halbe Hähnchen.

Was ist rot und fährt ständig auf und ab?
– Eine Tomate im Aufzug.

Was ist grün und guckt durchs Schlüsselloch?
– Ein Spionat.

Was hat vier Buchstaben, fängt mit ›Po‹ an und man sitzt drauf?
– Das Pony.

Was fressen Kannibalen, die Diät halten?
– Zwerge.

Was machen zwei wütende Schafe?
– Sie kriegen sich in die Wolle.

Warum enthält die Milch Fett?
– Damit die Euter beim Melken nicht quietschen.

ALLE-KINDER-REIME

Das Schöne an diesen Reimen ist, dass man davon so viele machen kann, wie es Vornamen gibt.

Alle Kinder hassen das Spiel – nur nicht Nicole, die findet es toll.

Um einen solchen Reim zu »bauen«, zäumst du das Pferd von hinten auf. Erst nimmst du den Namen. Sagen wir: Heinz. Was reimt sich auf Heinz? Zum Beispiel »keins« oder »Mainz«.

Dann könnte der zweite Teil des Satzes also heißen: *Heinz kriegt keins* oder *Heinz fährt nach Mainz*. Dazu fehlt dann nur der zugehörige erste Satzteil, z. B.:

Alle Kinder kriegen Eis – nur nicht Heinz, der kriegt keins.

Oder:

Alle Kinder fahren nach Köln – nur nicht Heinz, der fährt nach Mainz.

Probiere es einfach aus, es klappt mit fast jedem Namen!

Alle Kinder werden gesehen – nur nicht Jochen, der wird gerochen.

Alle Kinder haben Haare – nur nicht Torsten, der hat Borsten.

Alle Kinder konnten bremsen – nur nicht Marcel, der war zu schnell.

Alle Kinder sind schon da – nur nicht Peter, der kommt später.

Alle Kinder gehen zu Fuß – nur nicht Hagen, der wird getragen.

Alle Kinder haben Hunde – nur nicht Atze, der hat eine Katze.

Alle Kinder sind sehr fleißig – nur nicht Paul, der ist faul.

Alle Kinder haben Freunde – nur nicht Rainer, den mag keiner.

Alle Kinder fliegen nach Korea – nur nicht Lars, der fliegt zum Mars.

Alle Kinder spielen Skat – nur nicht Otto, der spielt Lotto.

Alle Kinder fahren Rad – nur nicht Gunter, der fiel runter.

Alle Kinder gehen zu Bett – nur nicht Franz, der geht zum Tanz.

Alle Kinder haben Angst vor Hans – nur nicht Beate, die kann Karate.

Alle Kinder klauen Kirschen – nur nicht Knut, dem fehlt der Mut.

Alle Kinder gehen duschen – nur nicht Marianne, die liegt in der Wanne.

Alle Kinder sind sehr brav – nur nicht Hilde, das ist eine Wilde.

Alle Kinder haben eine Mähne – nur nicht Matze, der hat eine Glatze.

Alle Kinder trinken Saft – nur nicht Lola, die trinkt Cola.

Alle Kinder fallen durch die Prüfung – nur nicht Bernd, der hat gelernt.

Alle Kinder machen eine Radtour – nur nicht Anne, die hat eine Panne.

Alle Kinder schreien laut – nur nicht Till, der ist still.

Alle Kinder stehen bis zum Hals in Wasser – nur nicht Heiner, der ist kleiner.

Alle Kinder haben Angst vorm Donner – nur nicht Fritz, der hat Angst vorm Blitz.

Alle Kinder fangen Schmetterlinge – nur nicht Lotte, die fängt eine Motte.

Alle Kinder verstecken sich im Garten – nur nicht Frank, der steckt im Schrank.

Alle Kinder sitzen ruhig da – nur nicht Hamal, der musste mal.

Alle Kinder haben Geld – nur nicht Maite, die ist pleite.

Alle Kinder essen Brot – nur nicht Sabine, die geht in die Kantine.

Alle Kinder schwimmen – nur nicht Kai, den fraß der Hai.

Alle Kinder fahren Boot – nur nicht Gunter, der geht unter.

Alle Kinder sind sehr hungrig – nur nicht Mohamad, der ist satt.

SCHÜLERAUSREDEN

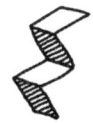

Wer versucht nicht ab und zu sich herauszureden, um keinen schlechten Eindruck zu erwecken, keine Strafe zu bekommen oder eine bessere Note zu ergattern? Die möglichen Ausreden scheinen unendlich, aber wenn man es sich genauer überlegt, dann gibt es doch recht wenige, die wirklich überzeugen. Also gibt man sich die größte Mühe, etwas Glaubhaftes zu erfinden. Das Ergebnis lässt dabei manchmal allerdings zu wünschen übrig.

»Ich hatte leider keine Zeit mehr, die Hausaufgaben abzuschreiben, weil ich heute Morgen zu spät aufgestanden bin.«

Ob sich damit ein Blumentopf gewinnen oder eine Lehrerin erweichen lässt? Es dürfte schwierig werden.

SCHÜLERAUSREDEN

Hausaufgaben vergessen

Ich konnte meinen Aufsatz nicht ins Reine schreiben, weil mein Heft so schmutzig war!

Mein Buch ist unters Bett gefallen. Es war zu dunkel, um es wiederzufinden.

Ich hatte Sonnenbrand auf meiner Hand und konnte deshalb nicht mehr schreiben.

Ich wollte eigentlich noch im Bus lernen, aber dann bin ich doch mit dem Rad gekommen.

Mein Papa ist gestern zu spät nach Hause gekommen und hatte keine Zeit mehr, meine Hausaufgaben zu machen.

Mir ist ein Nutellabrot auf das Heft gefallen und deshalb habe ich es zu Hause gelassen.

Ich hatte die Hausaufgaben gemacht, aber jemand muss sie mir aus der Schultasche geklaut haben.

Meinem kleinen Bruder ist schlecht geworden und er hat sich quer über mein Matheheft erbrochen. Das Heft musste ich wegwerfen.

Mein Opa ist immer ein wenig durcheinander. Aber er räumt gerne auf und gestern hat er meine Hefte weggeräumt. Nun weiß er nicht mehr wohin.

Bei der Klassenarbeit gepfuscht

Ich habe nicht abgeguckt, ich schiele nur ab und zu ein wenig.

Ich habe Lisa nichts vorgesagt. Manchmal bin ich wie Oma und führe Selbstgespräche.

Der Zettel gehört nicht mir. Der muss von draußen reingeflogen sein.

Ich wollte nur mal sehen, ob ich die Fragestellung richtig abgeschrieben habe.

Jens hat mich nur nach der Uhrzeit gefragt, da musste ich ihm doch antworten, oder?

Ich weiß, wir sollen nicht abschreiben, aber man wird es doch wohl mal versuchen dürfen, oder?

Ich wollte nur kontrollieren, ob Sabine alles richtig macht.

Also ich finde, Sie sollten das nicht so eng sehen, es ist doch gut, wenn wir zusammen arbeiten.

Ich habe nicht auf das Heft meiner Nachbarin geschaut. Gestern habe ich Zug bekommen und seitdem so eine nervöses Ticken im Auge.

Marie sah so blass aus. Ich wollte nur mal wissen, wie es ihr geht.

SCHÜLERAUSREDEN

Zu spät gekommen

Mir ist eine Katze vors Fahrrad gelaufen, da musste ich erst mal zum Tierarzt.

Ich bin mit dem Fahrrad gekommen und hatte die ganze Zeit Gegenwind.

Ich habe diese Nacht geträumt, dass ich eine Mauer bauen muss und heute früh war ich damit noch nicht fertig.

Mir ist diese Nacht wohl der Wecker runtergefallen. Dabei muss er sich verstellt haben.

Es war so neblig, da bin ich doch glatt zweimal an der Schule vorbeigelaufen.

Verzeihen Sie bitte die Verspätung, aber ich bin zu spät!

Ich habe verschlafen, weil mein Hund den Wecker versteckt hat.

Ich dachte, wir hätten die ersten beiden Stunden frei.

Mein Vater wollte mich zur Schule bringen, aber uns ist der Wagen geklaut worden.

Der bissige Hund von unseren Nachbarn war in unserem Garten. Da habe ich mich nicht aus der Tür getraut.